Barbara Stühlmeyer
Elisabeth von Thüringen

topos taschenbücher, Band 1125
Eine Produktion des Verlags Butzon & Bercker

Barbara Stühlmeyer

Elisabeth von Thüringen

Spiritualität – Geschichte – Wirkung

topos taschenbücher

Verlagsgemeinschaft topos plus
Butzon & Bercker, Kevelaer
Don Bosco, München
Echter, Würzburg
Matthias Grünewald Verlag, Ostfildern
Paulusverlag, Einsiedeln (Schweiz)
Verlag Friedrich Pustet, Regensburg
Tyrolia, Innsbruck

**Eine Initiative der
Verlagsgruppe engagement**

www.topos-taschenbuecher.de

Bibliografische Information der Deutschen Nationalbibliothek
Die Deutsche Nationalbibliothek verzeichnet diese Publikation in der
Deutschen Nationalbibliografie; detaillierte bibliografische Daten
sind im Internet über http://dnb.d-nb.de abrufbar.

ISBN: 978-3-8367-1125-8

2018 Verlagsgemeinschaft topos plus, Kevelaer
Das © und die inhaltliche Verantwortung liegen beim
Verlag Butzon & Bercker, Kevelaer.
Umschlagabbildung: © Teile eines Triptychons / Teile eines Altarwerks,
Die heilige Elisabeth pflegt Kranke; Köln, Wallraf-Richartz-Museum &
Foundation Corboud, WRM 0036
© Rheinisches Bildarchiv Köln, RBA C 026380
Einband- und Reihengestaltung: Finken & Bumiller, Stuttgart
Satz: SATZstudio Josef Pieper, Bedburg-Hau
Herstellung: Friedrich Pustet, Regensburg
Printed in Germany

Inhalt

Vorwort

Wenn jemand auf den Gedanken käme, eine Hitliste der bekanntesten und beliebtesten Heiligen des Mittelalters aufzustellen, stünde Elisabeth mit Sicherheit auf einem der drei Siegertreppchen. Das Leben der 1207 geborenen und nur 24 Jahre später gestorbenen Heiligen gleicht einem Kaleidoskop, das bei jeder Drehung ein anderes Bild entstehen lässt und deshalb vielfältige Ansatzpunkte spiritueller Identifikation bietet. Sie gilt als Vorkämpferin einer organisierten Caritas und als selbstbewusste Kritikerin eines Konsumverhaltens, das sich keinen Deut darum schert, unter welchen Umständen die Produkte entstanden sind, die man so sorglos verzehrt. Sie war eine liebevolle Ehefrau, die in einer Zeit, in der arrangierte Ehen an der Tagesordnung waren, echte Zuneigung für ihren Mann empfand. Und sie achtete als kompromisslose Nachfolgerin Christi ihr körperliches Wohl gering, um das Heil der Seele zu erlangen.

Auch die Fülle der Namen, mit denen sie bezeichnet wird, macht deutlich, wie viele Menschen Elisabeth als „ihre" Heilige erleben. Elisabeth von Ungarn, Elisabeth von Thüringen, Elisabeth von Hessen oder Elisabeth von Marburg – alle möglichen Landstriche eifern über die Grenzen der Konfessionen hinweg um das Patronat der jungen Frau. Elisabeths Persönlichkeit ist höchst facettenreich. Sie wusste sich auf herrschaftlichem Parkett sicher und elegant zu bewegen, fiel durch ihre Willensstärke auf und war gleichzeitig eine geduldige Pflegerin, die auch die abstoßendsten Krankheiten ohne Anzeichen von Ekel behandelte. Ihr hervorstechendstes Wesensmerkmal ist die konsequente Verfolgung des einmal als richtig erkannten Weges, ungeachtet der gesellschaftlichen und schließlich zutiefst persönlichen Konsequenzen. Elisabeth war eine unangepasste Frau. Wer in ihrer Nähe lebte, hatte keine Garantie auf Ruhe und Behaglichkeit. Denn das, was ihr richtig erschien, wollte sie – ganz Fürstin – auch von ihrem Gefolge umgesetzt sehen. Das war ganz sicher nicht das glanzvolle Leben, das sich die Hofdamen auf der Wartburg erträumt hatten: Hungern an vollen Tischen, Handarbeit, die weit über das gelegentliche Besticken von Gewandsäumen hinausging, und die extrem freigebige Umverteilung von Besitzständen, die der eine oder die andere in Elisabeths Nähe lieber in den eigenen Händen gesehen hätte als in denen der zahllosen Armen, die die Mildtätigkeit der Fürstin im Laufe der Jahre anzog.

Elisabeths Leben und Wirken wurde schon zu ihren Lebzeiten kontrovers diskutiert. Sie setzte Maßstäbe, eckte an, wurde bekämpft, verehrt, verachtet und geliebt. Die vorliegende Biografie orientiert sich an den bemerkenswert zahlreichen Fakten, die über ihr Leben bekannt sind. Sie deutet die Legenden, die schon kurz nach ihrem Tod entstanden sind, als Erzähltraditionen, die Wegweiser zu einem gelingenden Leben sein wollen. Und sie zeigt Elisabeth als eine Frau, deren Vorbild nachzueifern sich auch heute lohnt.

Die Quellen, die Bilder und die Wirklichkeit

Wer sich mit dem Leben Elisabeths beschäftigt, wird zugleich mit den schon früh entstandenen Quellen zu ihrer Biografie konfrontiert. Dank des enormen Engagements ihres geistlichen Begleiters, Konrad von Marburg, entstand die erste Lebensbeschreibung, die *Summa vitae*, bereits ein Jahr nach ihrem Tod. Sie ist von dem Interesse geleitet, möglichst schnell möglichst viel Material für die Heiligsprechung Elisabeths zusammenzutragen, die Konrad als die Krönung seines Lebenswerkes ansah. Obwohl Konrad ein sehr strenger geistlicher Begleiter war, der strikten Gehorsam von Elisabeth forderte und ihren fantasievollen Eigensinn mit Sicherheit oft als nervenaufreibend empfunden hat – vor allem dann, wenn sie sich mit ihrer extremen Form der Askese körperlich zugrunde zu richten drohte –, ist seine Lebensbeschreibung Elisabeths von dem Wunsch geprägt, ihre Heiligkeit bestmöglich zur Geltung zu bringen. Heiligenviten folgen ganz anderen Kriterien als Biografien. Es geht in ihnen weniger darum, exakt zu beschreiben, wie das Leben der jeweiligen Person verlaufen ist, wie ihr Alltag aussah, welche Hobbies sie hatte oder welchem Beruf sie nachging. Stattdessen folgen die Darstellungen dem alleinigen Ziel, herauszuarbeiten, dass der entsprechende Mensch von Kindesbeinen an darauf hingearbeitet hat, heilig zu werden.

Während im Mittelalter Heiligkeit nicht die Norm war, galten in der Frühzeit des Christentums grundsätzlich zunächst einmal alle Mitglieder der christlichen Gemeinde als Heilige. Dies wird in Anreden der Apostelbriefe „an die Heiligen in

Korinth" und anderswo deutlich. Die strengen ethischen Forderungen an die Gemeindemitglieder setzen voraus, dass jeder so lebte, dass er, wenn er starb, ein unstrittiger Kandidat für die Chöre der Engel war. „Wie er, der euch berufen hat, heilig ist, so soll auch euer ganzes Leben heilig werden. Denn es heißt in der Schrift: Seid heilig, denn ich bin heilig." (1 Petrus 1,16 f) Mit der Taufe war ein einmaliger Sündennachlass verbunden, der nicht wiederholt werden konnte, weshalb realistischere Zeitgenossen die Taufe bis kurz vor ihrem Tod aufschoben, damit sich nicht mehr allzu viel an Fehltritten aufsummieren konnte. Trauernde trösten, Hungrige speisen, Obdachlose in sein Haus aufnehmen, Kranke und Gefangene besuchen oder die Nackten bekleiden sollte zum Normalprogramm jedes Christen gehören. Gemäß dem Wort des alttestamentlichen Propheten Hosea „Barmherzigkeit will ich, nicht Opfer", das im Matthäusevangelium (Matthäus 9,13) wörtlich wiederholt wird, sollte jeder Christ durch ein gutes Leben seine Heiligkeit unter Beweis stellen. Das sittliche Handeln wurde zum geistigen Opfer, mit dem sich die Heiligen von ihrer heidnischen Umwelt absetzten. Der Heilige war also kein weltabgewandter Frömmler, sondern gleichermaßen ein Freund Gottes und der Armen. Gerade weil die Erlangung der Heiligkeit an die Forderung sittlichen Handelns gekoppelt war, galt sie für beide Geschlechter, umso mehr, als Jesus Frauen in Traditionen transzendierender Weise in seine Nachfolge gerufen hatte. Und auch die sonstigen Unterschiede zwischen den Menschen aller Rassen und Sprachen, aller Schichten und Gruppen galten in den Gemeinden nicht mehr: „Da ist nicht Jude noch Grieche, nicht Knecht noch Freier, nicht Mann noch Weib; ihr alle seid Einer in Christus." (Galater 3,28)

Im Mittelalter waren die strengen Maßstäbe der frühen Christen jedoch aus dem Blick geraten. Wer sich dennoch an sie hielt, fiel auf. So wie Elisabeth. Deshalb zeigen die Heiligenviten eher Ausnahmepersönlichkeiten und stellen das Ungewöhnliche und Wunderbare ihres Lebens heraus.

In diesem Kontext ist auch der *Libellus* zu sehen, der unter anderem die amtlichen Wunderprotokolle enthält, die die Grundlage jedes Heiligsprechungsverfahrens bilden. Sie basieren primär auf den Aussagen der Dienerinnen Irmgard, Isentrud, Elisabeth und Guda. Guda war gemeinsam mit Elisabeth aus Ungarn an den Thüringer Hof gekommen und kannte sie besser als jeder andere Mensch. Was sie, die ein Jahr ältere Freundin und Vertraute, erzählt, bringt uns einerseits der Person Elisabeth sehr nahe, ist andererseits aber eben auch gefärbt von der Intention des *Libellus*, Elisabeth so zu schildern, dass deutlich wird, dass sie ihrem Umfeld schon in jungen Jahren als künftige Heilige erschien. Diesem Zweck dienen beispielsweise die Schilderungen aus Elisabeths Kindheit. Guda berichtet davon, wie sie bei einem Hüpfspiel die mit ihr herumtollenden Mädchen der Burg immer in Richtung der Kapelle gelenkt habe. Dort angekommen, küsste Elisabeth dann die Tür und zeigte so ihre frühe Bindung an Gott. Und beim Ringspiel, einem Vorläufer des heutigen Murmelspiels, bat Elisabeth Gott, sie gewinnen zu lassen, um dann jeweils den zehnten Teil ihres Ertrags an jene mitspielenden Mädchen zu verschenken, die ärmer waren als sie selbst. Auch wenn deutlich erkennbar ist, dass Gudas Darstellung einen bestimmten Zweck verfolgt, ist zugleich klar, dass die Erziehung Elisabeths am Eisenacher Hof die damals selbstverständliche Konzentration auf die christlichen Tugenden der Mildtätigkeit mit einschloss. Bescheidenheit, Frömmigkeit, regelmäßiges Gebet und die Bereitschaft, mit anderen zu teilen, wurden gefördert und galten für sich genommen nicht als besonders strenge Form der Christusnachfolge, sondern als Abschnitt auf dem Weg der für alle offenen Heiligkeit. Wohl aber zeigen die Aussagen Gudas und der anderen Dienerinnen, dass Elisabeth diese Anforderungen schon als junges Mädchen besonders ernst nahm und konsequent umsetzte. Der *Libellus* ist in zwei Versionen überliefert, deren erste, kürzere, 1235 und dessen zweite, längere Version 1244 entstand. In den Interviews mit den Dienerinnen ging es nicht in erster Linie darum, ein unverfälschtes Bild der historischen Elisabeth zu zeichnen. Sie unterlagen vielmehr dem Interesse, alles herauszustellen, was das normale christliche Leben übertraf. Deshalb ist es nur natürlich, dass uns in diesen Quellen manche Unschärfe oder gut gemeinte Verzerrung entgegentritt – eine Übermalung des Bildes der realen Person Elisabeth gewissermaßen –, die es Stück für Stück abzutragen gilt, wenn man einen annähernd authentischen Eindruck gewinnen will. Sowohl die *Summa vitae* als auch der *Libellus* sind frei von literarischen Ansprüchen. Es sind zweckorientierte Dokumente, deren ausschließliches Ziel es ist, der Kanonisierung der verehrten Landgräfin zu dienen.

Von ihnen hebt sich die Schilderung des literarisch ambitionierten Zisterziensermönches Caesarius von Heisterbach deutlich ab. Als Biograf bereits profiliert, schrieb er in den Jahren bis 1236 eine *Vita*, die im Gegensatz zu den bisherigen Dokumenten weite Verbreitung finden und die Verehrung Elisabeths in der Bevölkerung festigen sollte. Wie farbenreich und spannend Caesarius erzählen konnte, zeigt ein Ausschnitt aus einem seiner anderen Werke. Hier berichtete der Biograf Elisa-

beths über eine verzweifelte Mutter und befehlsgewohnte Burg-
herrin, deren Kind von einem Wolf geraubt worden war. Sie
wandte sich hilfesuchend an die Gottesmutter und verlieh ihrer Bitte um Hilfe Nachdruck, indem sie in die Kapelle stürzte.
Sie „riss das Bild des Heilands vom Schoß der Mutter. Dann trat
sie ihr entgegen und rief mit vielen Tränen die Worte: Herrin,
Ihr bekommt Euren Knaben nie wieder, wenn Ihr mir nicht
mein Kind unversehrt wiedergebt. O wunderbare Demut der
Himmelskönigin! Als fürchte sie, um ihren Sohn zu kommen,
wenn das Weib nicht ihre Tochter bekäme, befahl sie sogleich
dem Wolf und ließ das Kind frei." Caesarius wusste genau, welche Register er ziehen musste, um seine Leser zu begeistern.
Denn die *Vita Elisabeths* war keineswegs seine erste literarische
Auftragsarbeit zur Vorbereitung der Heiligsprechung einer bekannten Persönlichkeit. Kurz nach dem gewaltsamen Tod des
Kölner Erzbischofs Engelbert hatte Caesarius aus eigenem An-
trieb mit der Niederschrift seiner Lebensgeschichte begonnen
und diese Arbeit wenig später im Auftrag von dessen Nachfolger, Heinrich von Molenark, fortgesetzt. Sein literarisches Ta-
lent hatte Caesarius als Novizenmeister im Kloster Heisterbach entdeckt. Ihm war aufgefallen, dass man die angehenden
Mönche am besten durch gut erzählte Geschichten dazu motivieren konnte, ein gelungenes geistliches Leben zu führen, und
so entstand sukzessive eine ganze Reihe spannender und auch
heute noch unterhaltsamer Erzählungen, die ihn als Autor weit
über sein Kloster hinaus bekannt machten. Seine literarische
Technik ist ausgezeichnet und ein Erfolgsmodell, an dem man
sich auch heute noch orientieren kann. Statt eines trockenen,
Vorschriften aneinanderreihenden Katechismus verpackte er
seine Glaubenslehre in eine Sammlung von Wundern, Ge-

schichten und Anekdoten, die in Form eines Dialoges präsentiert wurden und bei denen der Wunsch, immer weiterzulesen, durch den spannenden Erzählstil ganz von selbst entsteht.

Hinter Caesarius' Beschreibung von Elisabeths Leben steht ein handfestes Interesse. Der deutsche Orden, der sie in Auftrag gab, hütete zu diesem Zeitpunkt ihr Grab und versprach sich von den zu erwartenden Wallfahrern einen nicht unerheblichen wirtschaftlichen Vorteil und eine effektive Werbung für die Arbeit des Ordens. Dessen Großmeister war Konrad, ein Bruder von Elisabeths verstorbenem Ehemann Ludwig. Er überzeugte die bislang Elisabeth gegenüber höchst kritische Verwandtschaft von den Vorteilen, die eine so bekannte und beliebte Heilige der Familie bringen konnte. Die Lebensbeschreibung des Caesarius erfuhr in der Tat weite Verbreitung, wie die zahlreichen Abschriften bezeugen. Sie bildet zugleich die Grundlage für die zwischen 1289 und 1297 entstandene Vita des Dominikaners Dietrich von Apolda. Seine volkstümliche, oft blumige Erzählung erfuhr durch den gut vernetzten Predigerorden eine starke Verbreitung und trug so zur frühen Verehrung Elisabeths und ihrer ungewöhnlich raschen Heiligsprechung bei. Auch von Dietrich ist noch eine weitere Biografie erhalten, die das Leben seines Ordensgründers Dominikus schildert. Es spricht jedoch für die Strahlkraft des Lebensbeispiels Elisabeths, dass deren Lebensbeschreibung bekannter und weiter verbreitet war als die Dominikusvita. Die *Vita Elisabeths* wurde 1604 von Heinrich Canisius, einem Historiker und Neffen des niederländischen Jesuiten und Kirchenlehrers Petrus Canisius, sogar im Druck veröffentlicht, was zeigt, dass Elisabeths Lebensbeispiel auch rund 400 Jahre nach ihrem Tod noch von breitem öffentlichen Interesse war.

Das Rosenwunder

Erkennungsmelodien der Heiligkeit

Heiligenviten folgen, auch wenn sie immer zahlreiche biografische Details enthalten, in der Regel bestimmten festgelegten Topoi. Allen Schriften dieser Gattung liegt gewissermaßen eine Schablone zugrunde, ein Vorbild heiligen Lebens, auf das hin die konkrete Biografie des Heiligen, um den es geht, untersucht und gegebenenfalls „zurechtgeschrieben" wird. Im Falle Elisabeths wird wie in der Erzählung Gudas auch in den anderen Quellen sehr stark hervorgehoben, dass sie schon als Kind gerne in die Kirche ging und beim Versteckenspielen oft die Gelegenheit nutzte, sich dorthin zurückzuziehen. Diese Darstellung folgt dem Topos des Puer senex, des bereits weisen Kindes, das von Anfang an auf dem Weg der Heiligkeit voranschreiten möchte. In einem weiteren Bild der *Vita Dietrichs* wird geschildert, dass Elisabeth, als sie von Eisenach nach Marburg gegangen war, um dort ein Hospital zu gründen, in einem Holzverschlag unter einer Treppe gewohnt habe, weil das Gebäude, das sie beziehen sollte, noch nicht fertiggestellt war. Dieser Teil der Lebensbeschreibung wird von den Ergebnissen der Ausgrabungen in Marburg nicht gestützt. Sie ergaben keine Hinweise darauf, dass Elisabeth unter derart ärmlichen Bedingungen wohnte. Es ist zwar sehr gut möglich, dass sie selbst dies gern gewollt hätte, aber in diesem Punkt hatte ihr Mentor Konrad sich durchgesetzt und eine zwar auch nicht luxuriöse, aber doch angemessenere Unterkunft organisiert. Tatsächlich ist dieses Motiv auch nicht biografisch, sondern ein literarischer Rückgriff auf das Leben des heiligen Alexius, der in der Tat in einem Verschlag unter einer Treppe genächtigt hatte. Es war in der Gattung der Heiligenviten durchaus üblich, sich bereits bekannter Motive zu bedienen, um die Heiligkeit der jeweils beschriebenen Person zu unterstreichen. Im Falle des heiligen Alexius verweist das Motiv der Kammer unter der Treppe auf einen seelenverwandten Heiligen. Alexius lebte im Rom der Spätantike. Sein Vater war Berater des Kaisers, materiell mangelte es ihm an nichts. Aber gerade der Überfluss, in dem er lebte, ließ Alexius spüren, dass ihm etwas Entscheidendes fehlte. Wie Elisabeth hatte Alexius eine unstillbare Sehnsucht danach, arm zu werden. Er wusste, dass das, was ihn wirklich erfüllen würde, jenseits der greifbaren Dinge lag. Deshalb verließ er sein Elternhaus, lebte viele Jahre als Bettler und kehrte schließlich unerkannt nach Hause zurück, um dort in einem Verschlag unter der Treppe zu leben. Alexius setzte so auf seine Weise die Forderung Jesu um, alles zurückzulassen, und ihm nachzufolgen. Für die Menschen des Mittelalters, die mit den Geschichten der Heiligen aufwuchsen, war die Verwendung einer solchen typologisierten Erzählung wie eine Erkennungsmelodie, die die gewünschten Assoziationen hervorrief. Das Evangelium wörtlich zu nehmen ist ein Motiv, das sich in den Heiligenleben immer wieder findet. Was bringt Menschen dazu, wie Elisabeth ihr bisheriges Leben, Familie, Freunde, Besitz, hinter sich zu lassen und allein Jesus nachzufolgen? Die Berufungsgeschichten von Heiligen sind so verschieden wie die Menschen selbst, die sich für den engen Weg entscheiden, der zum Heilwerden führt und der sich, über Jahre hinweg, in einen weiten Weg der Freude wandeln kann. Beispielhaft für viele kann die Geschichte des heiligen Antonius stehen, die zu jenem christlichen Erzählgut gehört, das auch Elisabeths Spiritualität geprägt hat. Antonius war Ägypter, stammte von vornehmen Eltern ab und lebte ohne Sorgen, bis er etwa zwanzig Jahre alt war und beide Eltern durch den Tod verlor. Eine Weile kümmerte sich Antonius, der nun selbst Herr über den rund 82 Hektar großen Grundbesitz war, um seine kleine Schwester und suchte nach einer Perspektive für sein Leben. Da kam ihm das Wort aus dem Matthäusevangelium in den Sinn, in dem es heißt: „Wenn du vollkommen sein willst, geh, verkauf deinen Besitz und gib das Geld den Armen, dann komm und folge mir nach." Als wenig später in der Kirche genau dieses Evangelium verkündet wurde, wirkte dieser Zu-Fall wie ein verstärkter Anruf. Antonius verschenkte seinen Besitz bis auf das, was für die Versorgung seiner Schwester nötig war, und lebte fortan als Asket. Geschichten wie die des heiligen Einsiedlers, dessen wirkliche Auseinandersetzungen mit sich selbst erst begannen, als er ohne die schützenden Hüllen der Beziehungen und des Besitzes ganz mit sich allein war, ist eine typische „Zundergeschichte". Sie hat das Zeug dazu, den Funken geistlichen Lebens, der in jedem von uns verborgen glüht, zu entfachen, zu nähren und zu einem hellen Feuer werden zu lassen, das alles Überflüssige verbrennt. Wie wichtig den Menschen zur Zeit Elisabeths solche Erzählungen waren, zeigt die rund fünfzig Jahre nach ihrem Tod erstmals nachweisbare Sammlung von Heiligenviten, die *Legenda aurea* des Jacobus von Voragine, in der auch über Elisabeths Leben berichtet wird. Jacobus' Werk diente den Menschen damals als Nahrung für ihr geistliches Leben. Seine Ordnung folgte dem Verlauf des Kirchenjahres. Dementsprechend finden sich die Geschichten über die dort präsentierten Heiligen jeweils an ihrem Festtag. Was er über Elisabeth erzählt, macht deutlich, wie breitflächig die damals fünfzig Jahre zuvor, am 10. August 1232, heiliggesprochene junge Frau als Identifikationsfigur wahrgenommen wurde. Jacobus beginnt mit einer zahlensymbolischen Deutung ihres Namens, den er mit „mein Gott hat erkannt" und „meines Gottes Siebente" übersetzt. Dabei geht es ihm nicht um Etymologie, sondern vielmehr darum, deutlich zu machen, was für ein facettenreiches Vorbild Elisabeth ist. Sie übte, wie Jacobus darlegt, nicht nur die sieben Werke der Barmherzigkeit, sie war auch, was für das Standesdenken des Mittelalters bedeutsam war, in sieben Ständen zu Hause. Zunächst lebte sie als Jungfrau, dann als Ehefrau, dann als Witwe. Schließlich, so Jacobus, war sie im Stand des wirkenden, des schauenden, des monastischen Lebens und im Leben der Herrlichkeit Gottes. Für uns heute übersetzt heißt das: Jeder kann sich mit Elisabeth identifizieren, egal ob er oder sie unverheiratet, verheiratet, verwitwet, Arbeiter, Nonne ist, ein kontemplatives oder aktives Leben führt. Denn in welchem Stand Elisabeth auch gerade war, sie leuchtete, wie Jacobus, den Kirchenvater Augustinus zitierend, schreibt „in Gottes Wahrheit und sie freut sich in Gottes Gütigkeit". Ähnlich wie Hildegard von Bingen in ihrem Brief an die Laien betont, dass die Nachfolge Jesu in jedem Stand möglich und keineswegs nur den Mönchen oder Nonnen vorbehalten ist, zeigt Jacobus anhand von Elisabeths Lebensbeispiel, wie sie als Fürstin ebenso wie als freiwillig arm Lebende ihr Leben an Jesus Christus orientierte. Obwohl Jacobus wie Caesarius von Heisterbach und Dietrich von Apolda die Schilderungen von Elisabeths heiligmäßigen Kinderspielen weitergibt, zeigt er sie zugleich auch selbst als Lernende. Er verdeutlicht dies an einem Losspiel, das Elisabeth als Kind mit den Mädchen der Burg spielte. Dabei legte sie Zettel mit den Namen der Apostel auf den Altar und ließ jedes Kind einen Namen ziehen. Sie selbst erhielt dabei oft den Zettel mit dem Namen des heiligen Johannes. Die Geschichte macht deutlich, dass Elisabeth selbst sich bewusst am Vorbild der Heiligen orientierte und sie als stärkende Wegbegleiter empfand, für deren Beispiel sie besonders aufmerksam war, zeigt es ihr doch anhand der Lebenswege von Menschen, von denen die Kirche lehrt, dass sie den Stand der Heiligkeit erreicht haben, wie sie selbst dorthin gelangen konnte. Darüber hinaus ist das Losspiel als geistliche Übung von Interesse, die dazu beiträgt, die unbewussten Wachstumsprozesse der Seele zu unterstützen, stärkt es doch das Netzwerk der Synchronizität, jener Zu-Fälle, die auf psychische Prozesse hinweisen, sie aber auch anregen und befördern können. Losen wird unter dem Begriff Orakel oder Divination heute in esoterischen Kreisen oder neopaganen Gruppen ausgeübt, es hat aber auch Wurzeln in Klöstern, die für die Mitglieder der Konvente oder die Oblatengemeinschaften Jahresheilige oder Schriftstellen ziehen, die zu wachstumsfördernden Wegbegleitern werden.

Die bekannteste Wundererzählung zum Leben Elisabeths, das sogenannte Rosenwunder, findet sich in den frühen Quellen nicht. Sie ist vermutlich später zu den sich um Elisabeth rankenden Legenden hinzugekommen. Die Geschichte erzählt davon, dass die Landgräfin wieder einmal mit einem Korb voller Brote von der Wartburg heruntergestiegen sei, um die Armen zu speisen. Ihr Mann habe sie dabei überrascht und verärgert das Tuch von dem Korb gezogen, um sie der Verschwendung von Lebensmitteln zu überführen. Da hätten sich die Brote in dem Korb in Rosen verwandelt, und Ludwig habe sich beschämt zurückgezogen. Man vermutet heute, dass diese Legende auf die heilige Elisabeth von Portugal zurückgeht. Denn von ihr wissen wir, dass sie wegen ihres karitativen Engagements Schwierigkeiten mit ihrem Ehemann hatte. Zu Elisabeth von Thüringen passt die Geschichte weit weniger, weil sie in ihrem Engagement von Ludwig offen unterstützt wurde. Die Situation sähe allerdings anders aus, wenn man die Person des Ehemannes durch die ihres Schwagers Heinrich von Raspe ersetzen würde, der in Abwesenheit Ludwigs die Regierungsgeschäfte wahrnahm, später sein Nachfolger wurde und als größter Kritiker Elisabeths galt. Er hat, wie wir wissen, Elisabeths Mildtätigkeit als Verschwendung seines Besitzes angesehen, und von ihm wäre eine solche Zurechtweisung in jedem Fall zu erwarten gewesen. In der langfristigen Wahrnehmung verknüpft die Legende vom Rosenwunder die Geschichte Elisabeths mit der von Franziskus und Klara. Von ihnen wird erzählt, dass Franziskus auf die Frage Klaras, wann sie sich das nächste Mal sehen würden, antwortete: wenn die Rosen blühen. Nun herrschte gerade Winter, und die Antwort verwies auf eine längere Trennung. In diesem Moment war, so die Legende, der neben Klara am Wegrand wachsende Strauch plötzlich voller frisch erblühter Rosen. Das Aufgreifen des Motivs verwandelt an dieser Stelle eine schwierige Situation in eine geglückte Begegnung. Jenseits aller heiligen Bilder überliefern die frühen Quellen aber auch eine Fülle konkreter biografischer Details über die Herkunft und die Lebensführung der Landgräfin.

Nicht von schlechten Eltern – Herkunft und verwandtschaftliches Netzwerk

Elisabeths wurde 1207 geboren. Obwohl ihr Geburtsort nicht sicher feststeht, geht die ungarische Tradition davon aus, dass sie auf der in der Mitte des 11. Jahrhunderts erbauten Pfalz Burg Sárospatak das Licht der Welt erblickte. Ihr Vater, König Andreas II. von Ungarn, gehört zu den Nachfahren Árpáds, des Anführers jener khazarischen Kawaren, die 895 n. Chr. mit insgesamt zehn Stämmen das Karpatenbecken eroberten. Von da an prägte diese ungarische Herrscherdynastie bis zum Jahr 1301 die Region. In den rund 450 Jahren ihrer Regentschaft verknüpften die 26 bekannten Großfürsten und Könige ihren Machtanspruch mit ihrer christlichen Identität. Géza und Stephan I. hatten die Ungarn zum Glauben an Jesus Christus bekehrt, und es machte die Arpadenherrscher stolz, dass drei von ihnen, König Stephan, Herzog Emmerich und König Ladislaus I., heiliggesprochen worden waren. Elisabeth wird die zweite weibliche Heilige des Geschlechtes nach Kunigunde sein, gefolgt von Margarete. Heilig werden zu wollen lag also gewissermaßen in der Familie Elisabeths, deren männlicher Zweig sich stolz das Geschlecht der heiligen Könige nannte. Ab dem 11. Jahrhundert spiegelt sich diese Grundhaltung auch in der Namensgebung wider. Die meisten Mitglieder der Arpaden tragen nun christliche Namen, und nur noch selten wurden solche slawischen, finno-urgrischen oder turksprachigen Ursprungs gewählt. Ihren Kindern eher gängige christliche Namen zu geben lag auch deshalb im Interesse der Arpaden, weil

sie eine ausgesprochen weitgespannte netzwerkende Heiratspolitik betrieben und ihren Kindern auf diese Weise die Integ-
ration in das neue Lebensumfeld erleichterten.

Elisabeths Mutter, Königin Gertrud von Ungarn, stammte
aus Deutschland. Sie war die Tochter des Grafen Berthold, des
Herzogs von Andechs Meranien. Damit gehörte sie zu einer seit
der Jahrtausendwende führenden bayerischen Grafenfamili-
en, die ähnlich wie die Arpaden engagierte politische Netzwerker waren und großen Wert darauf legten, ihre Kinder strategisch günstig zu verheiraten, um ihrem Einflussbereich auf
diese Weise zu sichern und auszubauen. Die Andechs-Meranier
standen im Streit der Herrschergeschlechter der Welfen und
Staufer auf Seiten der Letzteren. Eine gute Entscheidung,
brachte sie Getruds Vorfahren, die auf Burg Andechs am Am-
mersee zuhause waren, doch die Markgrafenschaft von Istri-
en und Berthold V. den Aufstieg zum Herzog ein. Ihren Stammsitz erweiterten die Grafen von Andechs Meranien durch geglückte politische Allianzen mit den Staufern und eine strategische Heiratspolitik. Unter Gertruds Vater Berthold gelang es
ihnen, ihre Stellung durch die Ehe von Gertruds Bruder Otto
mit der Enkelin Friedrich Barbarossas, Beatrix, zu festigen.
Ihre Brüder Heinrich und Berthold sicherten als Herzog von
Istrien und Patriarch von Aquileja den Einflussbereich nach
Süden hin ab. Ihre Schwester Agnes wurde mit dem französischen König Philipp II. August vermählt. Da kam die Heirat
Gertruds mit Andreas sehr gelegen, auch wenn Berthold zu
diesem Zeitpunkt noch nicht davon ausgehen konnte, dass sein
Schwiegersohn einmal König von Ungarn werden würde. Denn
als Andreas und Gertrud heirateten, regierte Emmerich, der
Bruder von Andreas, in Ungarn. Das offenbar wenig herzliche

Verhältnis der beiden erfuhr kurz nach der Vermählung durch die Entführung von Andreas einen Tiefpunkt, dessen junge Frau zu ihrem Vater zurückgeschickt wurde. An dieser Stelle hätte die Geschichte ein jähes Ende finden können, doch die beiden ambitionierten jungen Eheleute gaben nicht auf. Andreas schaffte es, das Vertrauen seines Bruders zurückzugewinnen, und als dieser 1204 seinen Tod nahen spürte, ließ er Andreas frei und machte ihn zum Vormund seines unmündigen Sohnes und Nachfolgers. Andreas holte seine Frau sofort wieder nach Ungarn zurück und bezog sie in die Regierungsgeschäfte mit ein. Als sein Neffe kurze Zeit später starb, ließ Andreas sich 1205 zum König krönen. Gertrud, die in einer politisch engagierten Familie aufgewachsen und zum Regieren erzogen worden war, agierte, während ihr Mann zahlreiche Kriegszüge unternahm, als unumschränkte Herrscherin des Landes. Dietrich von Apolda beschreibt dies in seiner Lebensgeschichte Elisabeths mit den Worten, sie habe „von männlichem Geist erfüllt, selbst die Staatsgeschäfte geführt". Gertrud von Andechs ist eines der zahlreichen Beispiele für machtbewusste Frauen im Mittelalter, die ganz selbstverständlich Regierungsaufgaben übernahmen. Andreas II. dehnte sein Herrschaftsgebiet über das heutige Ungarn hinaus auf die Gebiete Nordkroatiens, des heutigen Nordwest-Rumäniens mit Siebenbürgen, sowie das heutige Kroatien, Südbosnien, Serbien, Galizien, die Walachei und das Banat Szörény aus. In seinem Ehrgeiz wurde er von seiner Frau Gertrud wirkungsvoll unterstützt. In Ungarn wird ihre Rolle dennoch sehr kritisch gesehen. Denn Getrud machte keinen Hehl daraus, dass sie ihre aus Deutschland mitgebrachten Berater, darunter ihren Bruder Berthold, den ungarischen Adeligen vorzog. Allerdings scheint sie Andreas in dieser Frage auf ihrer Seite gehabt zu haben, denn er machte Berthold 1206, ein Jahr nach seinem Regierungsantritt, zum Erzbischof von Kalocsa, obwohl er damit gegen das Kirchenrecht verstieß, das vorsieht, dass ein Erzbischof vom jeweiligen Domkapitel gewählt werden muss. Als Andreas Berthold 1212 zum Woiwoden von Siebenbürgen und zu seinem Stellvertreter machte, hatte das machtbewusste Paar offenbar eine unsichtbare Grenze überschritten. Denn die ungarischen Adeligen sahen sich nun allzu deutlich um ihre Machtposition bei Hofe betrogen und sannen auf Abhilfe. Da König Andreas selbst ihnen unangreifbar erschien, verlegten sie sich darauf, sich Gertruds, seiner unbeliebten, als intrigant und herrschsüchtig verschrienen Königin, zu entledigen. Die genauen Umstände lassen sich nicht mehr recherchieren, und so gibt es zwei Erzähltraditionen über den Tod der Mutter Elisabeths. Die eine berichtet, dass das Gefolge der Königin während einer Jagd, die zu Ehren Herzog Leopolds VI. von Österreich veranstaltet wurde, überfallen und grausam ermordet wurde. Wie verhasst Getrud gewesen sein muss, wird daran deutlich, dass diese Erzählung davon berichtet, dass sie von zwei ungarischen Adeligen regelrecht zerstückelt worden sei, während ihr Bruder Berthold zwar verletzt wurde, aber entkommen konnte. Die zweite Geschichte berichtet, dass Gertud auf ihrer Burg überfallen und ermordet wurde.

Andreas und Gertrud hatten drei Söhne und zwei Töchter, die bei dem Anschlag verschont und dem von einem Feldzug zurückkehrenden König unversehrt übergeben wurden. Wie ihre Eltern gingen auch sie strategische Lebensgemeinschaften ein. Der 1206 als erstes Kind geborene Bela folgte seinem Vater nach dessen Tod 1235 auf den ungarischen Thron. Er war mit Maria Laskaris, der Tochter des Königs Theoderich von Nikaia, verheiratet, wodurch er seinen Herrschaftsbereich zur heutigen Türkei hin absicherte. Elisabeths jüngerer Bruder Koloman wurde Herzog von Kroatien, also eines Teilreiches des ungarischen Königreiches, und heiratete Salome, die Tochter des Herzogs Leszek V. von Polen. Der nächstjüngere Bruder Andreas' heiratete die Tochter des Fürsten Mistislaw von Nowgorod, und ihre Schwester Maria wurde die Frau von Istvan II. Asan, dem Zar der Bulgaren. Es ist im Zuge der allgemein verbreiteten Politik des *nube et impera*, des „heirate und herrsche", nur logisch, dass Gertrud und Andreas für ihre zweitgeborene Tochter Elisabeth ebenfalls nach einer strategisch günstigen Eheschließung Ausschau hielten. Die Wahl des thüringischen Herrscherhauses ist auf die Verbindungen von Gertruds Familie zur staufischen Partei zurückzuführen. Der Zeitpunkt, an dem Elisabeths Eltern sie an den Hof des thüringischen Landgrafen Hermann schickten, macht dies deutlich. Denn 1211 war das Jahr, in dem der Staufer Friedrich II. in Nürnberg von den süddeutschen Fürsten des Reiches zum Kaiser gewählt wurde. Da Friedrich aber keineswegs der einzige, vielmehr der *alium imperatorum* genannte Gegenkaiser war, den der Papst den Fürsten als Kandidat vorgeschlagen hatte, nachdem er den Welfen Otto IV. von Braunschweig exkommuniziert hatte, versuchten die Anhänger der Staufer, ihre Kräfte zu bündeln und ihre Netzwerke untereinander fester zu knüpfen. Die vierjährige Elisabeth an den thüringischen Hof zu schicken war in diesem Kontext ein geschickter strategischer Schachzug, stärkte er doch sowohl die Verbindung der Andechs-Meranier zu den Thüringern als auch die Beziehungen zwischen den Staufer-treuen Deutschen und Ungarn.

Neue Familienbande –
Die thüringischen Landgrafen

Die nach ihrem Leitnamen so genannten Ludovinger lassen
sich vom späten 11. Jahrhundert an als Herrscher nachweisen.
Von ihrem Stammsitz, der Schaumburg bei Friedrichsroda
aus, die 1069 bis 1084 von den Grafen Ludwig und Beringar errichtet worden war, erweiterten sie ihren Herrschaftsbereich
um die Güter an der unteren Unstrut, wo die 1080 erstmals
erwähnte Wartburg bei Eisenach zum neuen Zentrum avan-
cierte.

Die Gründungssage der Burg erzählt davon, wie die schöne
Lage des Berges die Begehrlichkeit von Ludwig dem Springer
weckte. „Wart! Berg, du sollst mir eine Burg werden!" soll er
ausgerufen haben. Und er ließ sich, als guter Ahnherr künftiger Immobilienbesitzer, auch nicht von der Tatsache, dass der
Berg und die ihn umgebende Landschaft ihm nicht gehörten,
davon abhalten, sie in Besitz zu nehmen. Ludwig kam nämlich
auf die bemerkenswerte Idee, dass dort, wo seine Heimaterde
liege, auch sein Besitz sein müsse. Folglich ließ er aus seinem
Herrschaftsgebiet ein paar Säcke guten Mutterboden her-
beischaffen und streute ihn auf den Berg. Und weil man im
Mittelalter immer ein paar gute Freunde brauchte, die vor Ge-
richt für einen aussagten, um überzeugend zu wirken, ließ
Ludwig, der seinen biblischen Symbolismus offenbar perfekt
beherrschte, in Anlehnung an Jesu zwölf Apostel oder die
zwölf Söhne Jakobs zwölf bewaffnete Ritter kommen, die be-
schworen, dass sie ihre Schwerter komplett in Ludwigs eigener
Erde hätten versenken können. Von da an gehörte die Wart-

Die Wartburg

burg dem Springer, der zum Stammvater der thüringischen Landgrafen wurde und die ersten Gebäude jenes Komplexes errichten ließ, der heute die Wartburg bildet.

Das offenbar in der Familie liegende Interesse für religiöse Reformbewegungen zeigt sich im Familienkloster Reinhardsbrunn, das Mönchen der Hirsauer Reformbewegung übergeben wurde. Diese Entscheidung ist interessant, verbindet sich mit ihr doch ein Statement für eine vom Stifter unabhängig agierende geistliche Kraft. Denn die Hirsauer Mönche bestanden darauf, ihre Äbte selbst zu wählen und sie nicht von der jeweiligen Stifterfamilie bestimmten zu lassen. Für das Kloster war dies ein unschätzbarer Vorteil, denn die von den Familien nicht selten gegen den ausdrücklichen Willen der Konvente aufoktroyierten und geistlich mitunter wenig interessierten Äbte wurden den Klöstern selten zum Segen. Im besten Fall leitete in solchen Situationen der Prior den Konvent, während der Abt sich anderweitig beschäftigte. Die Thüringer Landgrafenfamilie scheint demgegenüber ein echtes Interesse an einem spirituell lebendigen und auch als geistliches Korrektiv wirksamen Familienkloster gehabt zu haben.

Die Landgrafschaft Thüringen zeichnete sich nicht durch ein geschlossenes Territorium aus. Historiker sprechen hier eher von zwei Zonen verdichteter Herrschaft, deren wichtigerer östlicher Teil zwischen Eisenach und Naumburg an der Saale lag. Durch Heirat wurden dem Fürstentum die westlich um Marburg und südlich um Kassel gelegenen Besitzungen hinzugefügt, durch Erbschaft die Güter der gisonischen Grafen. Die herzogsähnliche Stellung wird durch die 1131 erstmals nachweisbare Bezeichnung des damaligen Regenten Ludwig als Landgraf verifiziert. Er festigte seinen im Grenzbereich zwischen sächsischer und staufischer Herrschaftspartei liegenden Einflussbereich durch den Wechsel von Kaiser Lothar von Süpplingenburg zu Konrad III., wodurch er zum Aufstieg der Staufer zum Königtum beitrug. Die Entmachtung Heinrichs des Löwen gab Ludwig die Möglichkeit, seine Besitzungen in den welfischen Bereich hinein auszudehnen. Hermann I., Pfalzgraf von Sachsen und Landgraf von Thüringen, gilt bis heute einerseits als skrupelloser Machtpolitiker, andererseits als kunstsinniger Mäzen, mit dessen Namen sich der historisch nicht nachweisbare Sängerwettstreit auf der Wartburg verbindet.

Tatsächlich ist die sagenhafte Auseinandersetzung, die heutzutage Anlass für farbenprächtige Musikspektakel auf der Wartburg ist, eine nach und nach entstandene Sammlung von Sangspruchgedichten in mittelhochdeutscher Sprache. Ihr Thema ist der Wettstreit, wie er unter von der *invidia musicalis*, dem natürlichen Neid unter Musikern, geplagten Künstlern ausgetragen wird, seit der erste Mensch ein Solo auf der Schwanenknochenflöte blies. Die Rolle der Kombattanten wird von historisch belegten Dichtern wie Wolfram von Eschenbach und Walter von der Vogelweide, aber auch von fiktiven Interpreten wie Klingsor oder Heinrich von Ofterdingen, die beide der Fantasie Wolframs entsprungen sind, übernommen. Weil die Geschichte vom Künstlerkampf mit den Waffen des Rätselspiels im schwarzen Ton den Menschen schon im Mittelalter so gut gefiel, wurde sie in vielen verschiedenen Varianten überliefert, weshalb es keine einheitliche oder gar letztgültige Fassung des ohnehin erfundenen Wettstreites gibt. Hermann von Thüringens Ruf als Mäzen muss durchaus nachhaltig gewesen sein, denn man hielt ihn jahrhundertelang tatsächlich für den realen Gastgeber des Wettstreites.

Ebenso wie Gertrud und Andreas von Ungarn war Hermann von Thüringen an der Optimierung seines verwandtschaftlichen Netzwerkes interessiert, das er im Laufe der Zeit durch die gezielte Verheiratung seiner acht Kinder zwischen Holstein und Ungarn installierte.

Als Kind in einem fernen Land

Als Elisabeth im Alter von vier Jahren von Ungarn an den thüringischen Hof reiste, hieß ihr zukünftiger Ehemann noch nicht Ludwig, sondern Hermann. Er war vermutlich – das genaue Geburtsdatum ist nicht bekannt – der erstgeborene Sohn des Landgrafen. Erst nach Hermanns Tod im Jahr 1216 wurde die Ehe mit dessen Bruder Ludwig ausgehandelt. Für den Landgrafen brachte diese Vereinbarung einen doppelten Vorteil, verband sie ihn doch zugleich mit dem ungarischen Könighaus und den Grafen von Andechs-Meranien und deren verwandtschaftlichem Beziehungsfeld.

Was uns heute ungewöhnlich, vielleicht sogar grausam erscheint, nämlich ein so kleines Kind in eine andere Familie zu schicken und dort aufwachsen zu lassen, war im Mittelalter keineswegs unüblich. In adeligen Kreisen war es im Gegenteil, zumindest, was die männlichen Kinder anging, sogar die Norm, sie spätestens im Alter von sieben Jahren einer befreundeten oder durch Verwandtschaft verbundenen adeligen Familie zur Erziehung zu übergeben, damit sie dort zunächst die höfischen Umgangsformen und später das Ritterhandwerk erlernten. In der keltischen Kultur erstreckte sich dieser Brauch nicht nur auf die Familien des gehobenen gesellschaftlichen Standes, sondern auf alle Schichten, und die *fostermother* oder der *fosterfather*, also diejenigen Männer und Frauen, die die Erziehung der ihnen anvertrauten Kinder übernahmen, spielten in deren Leben eine genauso bedeutende Rolle wie die leiblichen Eltern. Außerhalb des keltischen Kulturkreises blieb die Erziehung von Kindern in anderen als der Herkunftsfamilie jedoch dem Adel vorbehalten. Sie galt für Mädchen vornehmlich dann, wenn ihr zukünftiges Leben schon früh festgelegt wurde, wie beispielsweise bei den Töchtern von Otto und Theophanou, die im Kloster Quedlinburg erzogen wurden und später entsprechende Leitungsfunktionen ausübten, oder eben bei Mädchen, die aus politischen Gründen schon als Kinder verlobt wurden und dann in der Familie des künftigen Ehemannes aufwuchsen. Ihre Kindheit endete jedoch definitiv früher, als dies heute der Fall ist. Mit 12 oder 14 Jahren zu heiraten und als Jugendliche bereits Regierungsaufgaben zu übernehmen war keine Seltenheit und oft einfach deshalb notwendig, weil die Lebenserwartung der Menschen deutlich geringer war und sie deshalb auch schon früher Verantwortung tragen mussten.

Auf der materiellen Ebene war der Wechsel des Lebensumfeldes von Ungarn nach Thüringen für Elisabeth sicherlich nicht von Nachteil, wie heute noch jeder, der die Wartburg besichtigt, leicht nachvollziehen kann. Zwar spiegelt die derzeitige Innenausstattung etwa der Elisabeth-Kemenate mit ihren farbenfrohen Mosaiken, die 1902 bis 1906 dort angebracht wurde, die Auffassung des späten 19. Jahrhunderts vom Mittelalter wider. Sie gibt aber zugleich einen Eindruck von der tatsächlich eher bunten Innenausstattung, die die Räumlichkeiten prägte, in denen Elisabeth von nun an zu Hause sein würde. Denn im Gegensatz zu jenem Mittelalterbild, das unsere Sicht von dieser Zeit lange geprägt hat, waren weder die Kirchen noch die Wohngebäude in der Romanik karg oder allenfalls weiß gekalkt, sie waren vielmehr farbenprächtig ausgemalt, so wie man es heute an der Goslarer Kaiserworth oder am restaurierten Limburger Dom sehen kann. Und nicht nur ein Reichtum an Farben, Stoffen und Formen, auch viel Licht gab es auf der Wartburg. Damit unterschied sich diese Anlage stark von den ansonsten sehr dunklen, Licht und Kälte bewusst aussperrenden fürstlichen Wohnanlagen. Denn die Bewohner dieses Berges waren nicht nur auf der politischen Ebene Staufer. Sie orientierten sich auch am Lebensgefühl und den Designideen des von ihnen präferierten Herrscherhauses, das im 13. Jahrhundert ganz eindeutig die Standards für höfische Repräsentation im Abendland setzte. Die Bewohner der Wartburg machten aber einige vernünftige Kompromisse. Wenn es allzu zugig oder regnerisch war, konnten die großzügig Licht in die Räume hineinlassenden Fensteröffnungen mit sorgfältig eingepassten Holzläden von innen verschlossen werden. Allerdings hatten die Landesfürsten Thüringens selbst dann noch mehr Licht, wenn sie in wohliger Wärme, vor den Unbilden des Wetters gut geschützt, am Kamin saßen. Denn kleine, vermutlich sogar verglaste Oberlichter bewirkten, dass man drinnen sah, wenn draußen Tag war. Zusätzlich sorgten schön gestaltete Öllampen, aber auch Fackeln, Kerzen und Kienspäne für eine anheimelnde Beleuchtung. Wärme spendete nicht nur der Kamin in der Kemenate, sondern auch die seit dem 11. Jahrhundert durch die Mauern führenden Rauchzüge, die etwa die Abwärme aus Küche und Kemenate anderen Räumen zuführten, sowie tragbare Kohlebecken, die man je nach Bedarf in den Räumen verteilen konnte. Zusätzliche Isolation brachten die prachtvoll gestalteten und gleichzeitig der höfischen Repräsentation dienenden textilen Wandbehänge. Diese Gobelins und Tapisserien anzufertigen war eine der Aufgaben der adeligen Damen, denen Elisabeth sich später mit dem Hinweis, sie habe Wichtigeres zu tun, entziehen würde.

Auch wenn es als normal galt, Kinder an fremden Höfen erziehen zu lassen, wurden sie doch nicht allein in die Fremde geschickt. Elisabeth reiste mit der ein Jahr älteren Freundin und späteren Dienerin Guda, die wie sie am Eisenacher Hof erzogen wurde. Von Anfang an galt sie, wie Guda später Elisabeths Biografen berichten wird, als interessiert an religiöser Unterweisung, Gebet und Gottesdienst und eigenwillig bis widerständig, was höfische Etikette und Verhaltensnormen anging.

Für die Familie der Thüringer Landgrafen erwies das kleine Mädchen sich als ungewöhnlich harte Nuss. Sie war nicht, wie man es erhofft hatte, durch ihr Eintreffen als Kind besonders leicht formbar und anpassungswillig. Sie galt vielmehr als stur und unbeugsam, und manch einer wird ihren späteren Mann bereits bemitleidet haben. Denn ähnlich wie ihre Mutter Gertrud verfügte sie über ein ausgeprägtes Selbstbewusstsein, das dazu führte, dass sie sich in einer ihr nicht immer wohlgesinnten Umgebung durchzusetzen wusste. Im Gegensatz zu Gertrud, deren Intriganz und Günstlingswirtschaft sie in Ungarn so verhasst gemacht hatte, dass sie 1213 von einer Gruppe Adeliger ermordet wurde, konnte Elisabeth ungeachtet ihrer starken Überzeugungen auch umgänglich und sehr charmant sein. Sie hatte zunächst ein gutes Verhältnis zu Hermann und Ludwig sowie zu ihrer Schwiegermutter Sophie, mit der sie vor allem den Hang zu Gebet und Askese teilte. Ihre Schwägerin Agnes scheint sie dagegen von Anfang an als unliebsame Konkurrentin erlebt zu haben und intrigierte auch später häufig gegen die junge Landgräfin. Was sich als lange und geruhsame Eingewöhnungsphase und ein langsames Hineinwachsen in ihr neues Lebensumfeld hatte gestalten sollen, erwies sich für Elisabeth jedoch als eine wechselvolle und schwierige Zeit.

Denn ein Jahr nach dem Tode ihres zukünftigen Ehemannes starb 1217 der regierende Landgraf in geistiger Umnachtung, und Ludwig übernahm siebzehnjährig die Herrschaft. Vier Jahre später heiratete er die inzwischen vierzehnjährige Elisabeth. Von einer arrangierten Ehe erwartete niemand mehr als ein höfliches Miteinander. Im Gegenteil. Die ausufernden Fantasien über wahre Liebe in den Minneliedern hatten ihre Wurzeln in der Tatsache, dass die Ehen in Adelskreisen durchweg arrangiert waren. Als fester Bestandteil dynastischer Politik waren sie eine geschäftliche Angelegenheit. Die Verbindung zweier ambitionierter Familien durch eine Heirat diente dazu, bestehende Verträge abzusichern oder die Abschlüsse künftiger Vereinbarungen zu ermöglichen. Sie bekräftigte Bündnisse und ebnete den Weg für neue politische Kontakte, sie versprach Landgewinn und einen Zuwachs an Macht und Einfluss. Die Gefühle des betroffenen Mannes und seiner künftigen Frau spielten dabei keine Rolle. Man hoffte, dass sie gut miteinander auskamen und auf dem diplomatischen Schachbrett genau jene Züge machten, die ihre Familien von ihnen erwarteten.

Umso mehr staunte der Eisenacher Hof über die offensichtliche Zuneigung zwischen dem jungen Paar. Sie übertraf deutlich das gewohnte Ausmaß, und die Zeitgenossen merkten schon bald, dass diese beiden jungen Menschen ihr Eheglück nicht nur höflich vortäuschten, sondern einander offenbar wirklich liebten. Ihre enge Verbindung äußerte sich auch in ungewöhnlichem gesellschaftlichem Verhalten wie dem, dass Elisabeth bei Tisch an der Seite ihres Gemahls zu sitzen pflegte. Schon hier zeigt sich, dass sie konsequent fortsetzte, was sie bereits als Kind auf Burg Eisenach gezeigt hatte, nämlich überall dort Zeichen und Maßstäbe zu setzen, wo es ihr richtig und wichtig erschien, ohne sich um gesellschaftliche Konventionen zu kümmern.

Ein Jahr nach der Eheschließung wurde mit Hermann das erste Kind des Paares geboren. Elisabeth und Ludwig hielten sich zu diesem Zeitpunkt auf der Creuzburg an der Werra auf. Auch dies ist untypisch, denn normalerweise begleiteten adelige Ehefrauen ihre Männer bei deren Reisen nicht. Eine Ausnahme bildeten die Königinnen des Mittelalters, denn hier war der gesamte Hof permanent im Reich unterwegs. Ständiges Reisen war zu jener Zeit eine notwendige Begleiterscheinung des Regierens auf allen Ebenen. Denn nur dann, wenn der Herrscher regelmäßig vor Ort nach dem Rechten sah, konnte er sichergehen, dass seine Wünsche und Vorstellungen durchgesetzt wurden. Die Frauen jedoch blieben in der Regel auf der heimischen Burg, lenkten dort die Geschäfte und kümmerten sich um die stets zahlreichen Gäste und Durchreisenden. Diese Form der Arbeitsteilung war durchaus erfolgreich, konnte ein gut zusammenarbeitendes Ehepaar auf diese Weise doch gewissermaßen an zwei Orten gleichzeitig mit einer Stimme sprechen. Für Elisabeth spielte ein solches Denken jedoch keine Rolle. Regieren war für sie offenkundig keine reizvolle Beschäftigung, und da ihre Schwiegermutter Sophie, bevor sie sich ganz ins Eisenacher Kloster zurückzog, sehr gut ohne ihre eigenwillige Schwiegertochter zurechtkam, schloss Elisabeth sich Ludwig auf dessen Reisen zumeist an, auch wenn das bedeutete, unterwegs ein Kind zur Welt zu bringen. Elisabeths und Ludwigs zweites Kind, die nach Ludwigs Mutter benannte

Sophie, wurde 1224 geboren, ob auf der Wartburg oder ebenfalls auf der Creuzburg, ist nicht endgültig geklärt. Gertrud, das letzte der drei gemeinsamen Kinder, wurde erst nach Ludwigs Tod, am 29. September 1227, geboren.

Die Liboriuskapelle auf der Creuzburg

Das Evangelium ernst nehmen

Die Taufen ihrer Kinder nutzte Elisabeth ebenso wie andere liturgische Feiern, um ihre spirituelle Ausrichtung öffentlich zu präsentieren. Sie trug ihre Kinder barfuß und in einem schlichten Wollkleid von der Burg zur Kirche hinab. Bei ihrer Teilnahme an der Eucharistiefeier verzichtete sie bewusst auf festliche, standesgemäße Gewandung. Ihre Krone nahm sie in der Kirche ab, weil es ihr unziemlich erschien, sich in Gegenwart des dornengekrönten Gottessohnes mit einem goldenen Herrschaftszeichen zu schmücken. Mit diesem Verhalten lehnte sie sich gegen die höfischen Sitten auf und setzte ihre Umgebung zugleich unter Druck. Dass ihr Erscheinen im einfachen Wollkleid und ohne Schuhe so ein Aufsehen erregte, hängt damit zusammen, dass der Besuch der Gottesdienste im Mittelalter als Teil der christlichen Herrschaftsausübung verstanden wurde. Hier zeigte man sich in aller Öffentlichkeit als fromm, zugleich präsentierte man sich aber in all seiner Macht und seinem Reichtum. Ähnlich wie auch heute bei Staatsempfängen aufwändige Menus und nicht Würstchen mit Kartoffelsalat aufgetischt werden und es als höchst ungewöhnlich und auch ungebührlich gelten würde, wenn die Bundeskanzlerin oder der Bundespräsident einen Staatsgast in Jeans, T-Shirt und ohne Schuhe auf dem roten Teppich empfingen, waren auch Elisabeths Zeitgenossen entsetzt und beunruhigt über ihr grenzüberschreitendes Verhalten. Da sie es darüber hinaus eloquent zu begründen verstand, sahen sich ihre Hofdamen – oft wider Willen – genötigt, ihrem Beispiel zu folgen. Gäste, die, wie es in höfischen Kreisen üblich war, die neueste Mode in der

Kirche zur Schau trugen, fühlten sich durch Elisabeths Verhalten düpiert. Sie saßen plötzlich alleine in ihren glitzernden Kleidern auf den Ehrenplätzen, während ihre Gastgeberin in schlichtem Gewand bei den armen Frauen Platz genommen hatte und ihnen so eindrucks- und wirkungsvoll den Spiegel des Evangeliums vorhielt. Wie irritierend ein solches Verhalten für saturierte und in ihren Gewohnheiten erstarrte Wohlstandschristen sein kann, lässt sich beispielhaft an den unkonventionellen Verhaltensmustern von Papst Franziskus ablesen. Er hat dadurch, dass er darauf besteht, ein einfaches Fahrzeug anstelle einer Staatskarosse zu benutzen, dass er sich weigerte, in die prächtigen päpstlichen Gemächer einzuziehen, und durch seine stets direkte Bezugnahme auf das Beispiel Jesu Christi beträchtliche Unruhe unter denen ausgelöst, die, scheinbar demselben Beispiel folgend, in luxuriös ausgestatteten, 400 Quadratmeter umfassenden Wohnungen residieren und sich plötzlich der peinlichen Frage ausgesetzt sehen, wie um alles in der Welt sie dieses Ambiente mit der Nachfolge eines armen Erlösers in Übereinstimmung bringen. Viele der so Angefragten reagieren ärgerlich. Im Falle des Papstes haben sie es damit schwer, denn eine ganze Reihe von denjenigen, die mit reichen Privilegien ausgestattet im Windschatten des Vatikans residieren, präsentierten sich stets als besonders papsttreu und tun sich erst jetzt, wo der Gehorsam in der Nachfolge auf einmal für sie ganz persönlich unbequem wird und nicht mehr darin besteht, andere mit leichter Hand zu disziplinieren, schwer mit dessen Umsetzung. Elisabeth sah sich ebenfalls einer kritischen Situation ausgesetzt. Denn sie hatte als Landgräfin zwar Macht, griff aber mit ihrem Verhalten alle an, die mit ihr auf einer Stufe standen und ihre Spiritualität nicht teilten. Allerdings darf nicht verschwiegen werden, dass ein solches Verhalten nicht einfach nur gut und richtig ist. Sein persönliches Charisma zum Maßstab für alle anderen zu machen und den Stab über jene zu brechen, die einen anderen Weg gehen, wird von den so Verurteilten nicht ganz zu Unrecht als eine vom hohen Ross aus gehaltene Moralpredigt verstanden. Elisabeth setzte vieles um, was im Evangelium steht. „Richtet nicht, damit ihr nicht gerichtet werdet" war aber eindeutig keines ihrer präferierten Bibelworte. Ihre Haltung war eindrucksvoll, aber auch so radikal, dass sie nicht jedem in ihrem Umfeld gerecht wurde.

Heinrich Raspe, Ludwigs zwei Jahre jüngerer Bruder, begann wie ihre Schwester Agnes schon früh damit, die Unangepasstheit Elisabeths zu kritisieren. Glaubt man dem Bericht von Elisabeths Dienerinnen im *Libellus,* so hatte die Landgrafenfamilie sogar versucht, die Verlobung wieder aufzulösen und die Eheschließung mit Ludwig zu verhindern: „Als sie ins heiratsfähige Alter gekommen war, musste sie sich schlimme und unverhohlene Gehässigkeiten von den Verwandten, Vasallen und Ratgebern ihres Verlobten und späteren Gemahls gefallen lassen. Diese drängten ihn auf jede Weise, sie zu verstoßen und sie ihrem königlichen Vater zurückzuschicken. Es wurde behauptet, sie habe eine weniger reiche Mitgift erhalten, als dem hohen Rang des Schwiegervaters und des zukünftigen Schwiegersohnes entspreche. Dabei suchten sie ihn zu überreden, er solle sich nach einer höheren Mitgift und mächtigen Bundesgenossen in größerer Nähe umsehen und an eine andere Heirat denken." Doch diese Initiative war nicht von Erfolg gekrönt, und zu seinem wachsenden Ärger musste Heinrich Raspe feststellen, dass Ludwig seiner Gemahlin nicht nur in dieser Frage freie Hand ließ. Er billigte und unterstützte ihre ausgeprägte Frömmigkeit. Denn beide Eheleute waren von der im 13. Jahrhundert aufkommenden Armutsbewegung fasziniert.

Die neue Form der Religiosität, die ihre Vertreter propagierten, hatte ihre Wurzel in den italienischen Städten. Die Stadt als Lebensform wird im 13. Jahrhundert erstmals seit der Antike in großem Umfang wieder entdeckt. Der gesellschaftliche Wandel, der sich mit diesem Faktum verbindet, veränderte das Leben aller Menschen in beträchtlichem Maße. Denn Stadtluft machte nicht nur frei, sie löste auch Bindungen auf, die vorher selbstverständlich funktioniert hatten. Die neue Freiheit bekam nicht allen gleich gut. Viele, die sich in den Städten Arbeit und sozialen Aufstieg erhofft hatten, verarmten und bildeten ein umtriebiges Proletariat, das mehr und mehr ungehalten darauf reagierte, dass es anderen deutlich besser ging als ihnen. Besonderer Sprengstoff lag in der Tatsache, dass viele derjenigen, die sich durch Wohlstand auszeichneten, Männer der Kirche waren. Der Gegensatz, der sich zwischen dem armen Christus und seinen reichen Nachfolgern auftat, fiel nicht nur den weniger Begüterten ins Auge. Er bedrückte auch viele derjenigen, für die das Evangelium mehr als eine Sonntagsrede war. Sie begannen, nach neuen Wegen zu suchen, ihren Glauben zu leben, der Dekadenz und Sinnlehre ihrer bisherigen Umgebung zu entfliehen, und machten mit der Nachfolge Christi in einem Ausmaß ernst, das ihre saturierte Umwelt merklich in Unruhe versetzte. Außerdem entwickelten sie Ideen von einem solidarischen Miteinander, die ganz buchstäblich das Unterste zu oberst kehrten und die bis dahin bekannte Welt gehörig aus den Angeln hoben. Die Bettel- oder Mendikantenorden, zu denen man die Franziskaner, Dominikaner, Karmeliter, Augustiner-Eremiten, Serviten und Mercedarier zählt, unterschieden sich in zwei wesentlichen Punkten von den bisher bestehenden Ordensgemeinschaften. Im Gegensatz zu diesen verzichteten deren Mitglieder nicht nur persönlich auf Besitz, auch die Gemeinschaft als solche verpflichtete sich, arm zu leben. Ein weiterer Punkt war die Aufhebung der sogenannten *stabilitas loci*, des lebenslangen Bleibens an einem Ort, das für Benediktiner verpflichtend ist. Sie verschaffte den Mitgliedern der Bettelorden jene Beweglichkeit, die sie in ihrer neuen, städtischen Lebensform brauchten. Denn ihre Klöster waren keineswegs in landschaftlich reizvollen, aber abgelegenen Gegenden, sondern inmitten der Städte mit ihren sozialen Problemen, ihrer Unruhe und ihrer geistigen Regsamkeit angesiedelt. Dort wirkten sie als Prediger oder Sozialarbeiter und arbeiteten als Wissenschaftler an den Universitäten, dachten über Gott und die Welt nach und verbreiteten jede Menge neuer spannender Ideen. Sie fielen nicht nur bei den Armen, sondern auch bei Menschen mit ernsthaften religiösen Neigungen wie Elisabeth und Ludwig auf fruchtbaren Boden und führten zu Verhaltensweisen, die deren Umgebung zutiefst irritierte. Dabei stießen sich Hermann und Agnes, die sich als Stimmen der Vernunft und Tradition auf der Wartburg verstanden, vor allem an Elisabeth. Sie sahen es aber auch überaus kritisch, dass Ludwig seine Frau nicht korrigierte oder, wie sie es sahen, nicht in den Griff bekam. Ihr Bruder galt ihnen als viel zu nachgiebig und hatte sich, so sahen Hermann und Agnes es, von seiner Frau um den kleinen Finger wickeln lassen. Wohin dies führte, konnte jeder auf der Burg tagtäglich beobachten. Ludwig akzeptierte, dass Elisabeth regelmäßig mitten in der Nacht aufstand, um zu beten. Er nahm in Kauf, dass die Dienerinnen, wie die Quellen berichten, gelegentlich aus Versehen ihn am Zeh zogen, wenn sie Elisabeth wecken wollten. Und er tolerierte, was aus Sicht seiner Verwandten noch weit schlimmer war als seine Nachgiebigkeit gegenüber Elisabeths nächtlichen Gebetsstunden, ihre karitativen Tätigkeiten.

Elisabeth hatte eine für ihre Zeit ungewöhnliche Auffassung von der Verteilung des Besitzes. Im Gegensatz zu den meisten ihrer Zeitgenossen glaubte sie nicht daran, dass es gottgegeben und unveränderbar war, in welchen Stand man geboren wurde, und dass man sich mit den entsprechenden finanziellen Verhältnissen zu begnügen und etwaige Ungerechtigkeiten schweigend zu dulden habe. Hildegard von Bingen hatte rund siebzig Jahre zuvor noch ganz andere Töne angeschlagen. Damals hatte sie ein Brief der Leiterin eines Reformkonventes erreicht, der nach der Regel Norberts von Xanten, eines Vorläufers der Armutsbewegung, lebte. Diese Frau, Tengswich von Andernach, empörte sich über einige Bräuche und Vorschriften in Hildegards Kloster und schrieb ihr: „Auch etwas anderes Ungewöhnliches über Euren Brauch kam uns zu Ohren, nämlich dass Eure jungen Frauen an Festtagen beim Psalmengesang mit losen Haaren in der Kirche stehen. Als Schmuck tragen sie glänzend weiße Seidenschleier, die so lang sind, dass sie den Boden berühren. […] Dazu sollen ihre Finger mit goldenen Ringen geschmückt sein, obgleich doch der erste Hirte der Kirche dergleichen in seinem Brief verbietet, wenn er mahnend sagt: „Die Frauen sollen sich bescheiden benehmen und sich nicht mit gekräuseltem Haar, Gold, Perlen oder einem kostbaren Gewand zieren" (1 Timotheus 2,9). Außerdem – das erscheint uns nicht weniger wundersam als dies alles – würden nur Frauen aus angesehenem und adeligem Geschlecht in Eure

Elisabeth sorgt für die Armen

Gemeinschaft aufgenommen, den Nichtadeligen und weniger Begüterten verwehrt Ihr weithin die Aufnahme bei Euch. Darüber sind wir sehr bestürzt und von der Ungewissheit großen Zweifels verunsichert, wenn wir schweigend im Geiste erwägen, dass der Herr in der Urkirche bescheidene und arme Fischer erwählt hat [...]. Wir haben beschlossen, Eurer Heiligkeit unser kleines Schreiben zu schicken und beschwören Euch demütig und ergeben, Eure Würde möge es nicht verschmähen, uns bald mitzuteilen, welche Autorität diesen klösterlichen Brauch rechtfertigt."

Spiritualität und Konsumkritik

Elisabeth wäre von dieser Anfrage bestimmt begeistert gewesen. Denn Tengswich argumentierte genauso, wie sie selbst es getan hat. Sie verwies auf die Botschaft des Neuen Testaments und maß die Lebensweise Hildegards und ihrer Schwestern daran. Deren Antwort auf die Frage nach ihrer Weigerung, nichtadelige Frauen in ihren Konvent aufzunehmen, spiegelt hingegen jene Haltung wider, der sich auch Elisabeth auf der Wartburg gegenübersah. Hildegard argumentiert, kein Mensch stelle Ochsen, Esel, Schafe und Böcke in einen Stall, weil sie sonst aneinandergeraten würden. Hier zeigt die Prophetin sich als eher rückwärtsgewandte, konservative Adelige, die ihr Standesbewusstsein über die Aussagen der Heiligen Schrift stellt, eine Haltung, die auch zu Lebzeiten Elisabeths noch typisch für Mitglieder des Adels war. Ihrem Ansehen und dem ihres Konventes hat dies nicht geschadet, im Gegenteil. Das neue Kloster auf dem Rupertsberg, das für fünfzig Nonnen konzipiert war, hatte nach der Überwindung der schwierigen Anfangsphase bald mehr Bewerberinnen, als Hildegard aufnehmen konnte. Deshalb erwarb sie 1164 das damals leerstehende Augustinerkloster auf der anderen Rheinseite in Eibingen und gründete dort ein Tochterkloster. Hier soll sie, vielleicht in später Einsicht in die Richtigkeit der Argumente von Tengswich, auch nichtadelige Frauen aufgenommen haben. Daraus wird deutlich, dass das Nachdenken über das offenkundige gesellschaftliche Ungleichgewicht bereits lange vor Elisabeth eingesetzt hatte und sie sich mit ihrer oft als provokant empfundenen Haltung in guter Gesellschaft befand. Dem ständischen Denken setzte sie die Botschaft des Evangeliums entgegen und erdreistete sich, diese wörtlich zu nehmen. Wenn Jesus gesagt hatte, dass, wer zwei Mäntel hat, einen dem geben solle, der keinen hat, bedeutete dies für Elisabeth nichts anderes, als dass sie dies tatsächlich tun solle. Immer wieder verschenkte sie kostbare Gewänder oder verkaufte sie, um den Erlös den Armen zu geben. Zum Ärgernis für ihre Umgebung wurde sie aber nicht nur durch ihre eigene Freigebigkeit, sondern durch ihre permanenten Forderungen, es ihr gleichzutun. Dies ist die eigentliche Grenzüberschreitung, die für Elisabeths Form der Heiligkeit so charakteristisch ist und die sie für die Thüringer Landgrafenfamilie zu einem solchen gesellschaftlichen Problem machte. Für sie wäre es völlig in Ordnung gewesen, wenn Elisabeth unter ihrem nach der neuesten Mode geschneiderten seidenen Kleid ein kratziges härenes Hemd und einen Bußgürtel getragen hätte. Auch die ebenso patente wie unauffällige Lösung, die Hedwig von Schlesien fand, indem sie einfach die Sohlen von ihren Stiefeln entfernte, um als Akt der Buße entgegen dem Rat ihres gesundheits- und standesbewussten Beichtvaters auch im Winter barfuß auf den kalten Steinen des Hofes herumlaufen zu können, hätten Hermann und Agnes leichten Herzens akzeptieren können. „Sie ist eben sehr fromm, unsere Elisabeth", hätten sie mit einem entschuldigenden Lächeln angemerkt, wenn diese kleinen Absonderlichkeiten ans Tageslicht gedrungen wären. „Eine gottesfürchtige Frau und wahre Asketin", hätten sie hinzugefügt und dann schnell das Thema gewechselt, um die neuesten politischen Entwicklungen zu diskutieren. Aber genau diese Möglichkeit ließ Elisabeth ihnen nicht. Stattdessen kleidete sie sich, vor allem dann, wenn Ludwig in Regierungsgeschäften unterwegs war, generell in schlichte, wollene Gewänder. Damit setzte sie nicht nur ein Zeichen gegen Konsum, sondern auch eines der Buße. Denn diese Gewänder waren sehr rau, sie kratzen die Haut auf und ließen sich schlecht reinigen, wodurch sie auch zu einer Geruchsbelästigung wurden. Elisabeth nahm zwar Rücksicht auf Ludwig, indem sie, wenn er auf der Burg war, zumeist auf die Wollgewänder verzichtete. Stattdessen schmückte sie sich, wie ihre Vita beschreibt *„schicklich, um meinem Gemahl keinen Anlass zur Sünde zu geben, falls ihm etwas an mir missfallen sollte. Er soll nur mich in ehelicher züchtiger Zuneigung im Herrn so lieben, dass wir den Lohn des ewigen Lebens in gleicher Weise von dem erhoffen dürfen, der das Gesetz der Ehe geheiligt hat."* Es ist interessant, dass Elisabeth ihre Neigungen zügelte, um Ludwig zu gefallen, und ihre ehelichen Pflichten genauso ernst nahm wie ihr geistliches Leben. Es ist klar, dass Ludwig seine Frau aufgrund ihrer ihm gegenüber sehr entgegenkommenden Art umso lieber unterstützte, auch dann, wenn sie immer wieder deutlich die Grenzen des Üblichen überschritt.

Denn die selbstbewusste Landgräfin lebte die von ihr als richtig erkannte Form der Spiritualität nicht nur in aller Öffentlichkeit. Sie machte sie auch zum Maßstab für andere und fand scharfe Worte, um deren Lebensweise zu verurteilen. So kritisierte sie beispielsweise die Sitte, die Reichen in kostbaren Gewändern zu bestatten, und forderte dazu auf, sich mit einem einfachen, abgetragenen Leinengewand zu begnügen. Ihr Anliegen war ein rein praktisches und urchristliches. Den Toten, so argumentierte Elisabeth, bringt ein kostbares Gewand keinen Gewinn, wohl aber den Armen, die von seinem Erlös eine Weile satt werden können. Ihr Standpunkt ist auch deshalb bemerkenswert, weil sie damit auf eigentlich schon lange im Zuge der Christianisierung vollzogene Reformen zurückgriff und diese wieder in Erinnerung rief.

Denn die Bestattungskultur war kennzeichnen für den Wertewandel im Übergang vom heidnischen Glauben zum Christentum. War es in der heidnischen Zeit üblich, den Verstorbenen Grabbeigaben mitzugeben, die umso kostbarer waren, je reicher und bedeutender ein Verstorbener war, setzte sich mit der zunehmenden Christianisierung eine neue Form der Bestattung durch. Die Beigaben, die man den Verstorbenen zudachte, wurden nun nicht mehr ins Grab gelegt, sondern Stiftungen für das Seelenheil zugeführt. Das bedeutet: mit den Gaben wurden Armenfürsorge, Schulbildung und Bautätigkeiten unterstützt. Im Gegensatz zur vormaligen Praxis blieb das Geld also im Wirtschaftskreislauf und kam sowohl den Verstorbenen, derer man im Gebet dankend für ihre Gaben gedachte, als auch den Lebenden zugute, die von den Finanzspritzen profitierten. Das ist zweifellos im Sinne Jesu Christi, und genau daran erinnerte Elisabeth ihre Umgebung mit ihren Einlassungen. Doch damit biss sie bei den machtbewussten Adeligen, die ihren Einfluss auch durch repräsentative Rituale zu erweitern wussten, natürlich auf Granit.

Denn obwohl im Tod bekanntlich alle gleich sind, zeigen die Grablegen der Herrscher, dass einige zumindest den Anschein erwecken, sie seien gleicher als andere. Betrachtet man den kostbaren, mit Wanne und gewölbtem Deckel gefertigten Prophyrsarkophag des 1197 verstorbenen Kaisers Heinrich VI. in Palermo, so fühlt man sich unwillkürlich an die antiken Kaisergräber erinnert, und das ist natürlich kein Zufall. Nicht nur die Pharaonen, auch manch ein mittelalterlicher Herrscher beschäftigte sich schon zu Lebzeiten mit der Planung seiner Grablege. Friedrich II. wählte ebenfalls Porphyr für seinen im Dom zu Palermo ruhenden Sarkophag, dessen Wanne auf vier Löwen darstellenden Stützen ruht, die den Kaiser des Reiches ins Jenseits tragen sollten. Elisabeth wollte diese Fehlentwicklung wieder korrigieren. Gerade weil sie selbst im Überfluss lebte, fühlte sie sich verpflichtet, an der Umgestaltung der Verhältnisse mitzuwirken. Auch wenn sie in ihrem unmittelbaren Umfeld heftig für ihre Wertvorstellungen kritisiert wurde, stand sie mit ihren Ansichten keinesfalls allein da.

Der neue Trend zum armen Leben

Denn es war auch im 13. Jahrhundert kein Geheimnis, dass Christus kein reicher Mann gewesen ist. Allerdings gewann zu dieser Zeit das Bild des armen, umherziehenden Wanderpredigers eine völlig neue Bedeutung. Es wurde gleichsam über Nacht zum spirituellen Leitbild einer ganzen Generation über die Grenzen der Stände hinweg. Die oberitalienischen und südfranzösischen Städte, in denen die Armutsbewegung ihren Ursprung hat, blickten durchweg auf eine lange Geschichte der Urbanität zurück. In ihren Mauern konnten die sozialen Probleme wie in einem Brennglas besichtigt werden. Ärgerlicherweise wurden sie im Licht der Betrachtung zugleich auch zum zündenden Funken. Denn die Armen begannen die Botschaft, dass Gott sie liebt, in beunruhigender Weise ernst zu nehmen und, was womöglich noch gefährlicher war, sie selbst auszulegen und weiter zu verbreiten. In dieser Situation konnte es nicht lange dauern, bis sie bemerkten, dass der Reichtum der Kirchen und Klöster in eklatantem Widerspruch zu dem Bild stand, das Jesus und seine Jünger in den Evangelien abgaben. Ganz ähnlich wie im Reformationsjahrhundert kam es auch innerhalb der Armutsbewegung bald zu Grenzüberschreitungen, die ihrerseits im Gegensatz zum Evangelium standen. Denn manch einer kam, angesichts des Widerstrebens der Reichen, ihr Hab und Gut zu teilen, auf die Idee, seine Ansprüche mit Gewalt durchsetzen zu wollen. Viele Ketzergruppen gingen aus der Armutsbewegung hervor, die sicher zur Gänze dem Wirken der Inquisition zum Oper gefallen wäre, hätte sie mit Franz von Assisi nicht einen Vertreter hervorgebracht, der es vermochte, die kritischen Kräfte in die Kirche zu integrieren. Doch bevor ihm dies gelang, war Franziskus genau wie Elisabeth ein Skandalon, ein Zeichen, dem widersprochen wurde. Seine Geschichte muss die junge Frau fasziniert haben. Denn Franziskus war ihr selbst und ihrem unkonventionellen Lebensstil einfach zu ähnlich, um für sie nicht zu einem wegweisenden Vorbild zu werden.

Auch Franziskus' Verwandte ärgerten sich gewaltig über die provokanten Abweichungen von dem, was sie für normal und angemessen hielten. Vor allem sein Vater Pietro Bernadone war „not amused", als sein Sohn plötzlich begann, Leprakranke zu küssen, baufällige Kapellen zu renovieren und sein mühsam verdientes Geld unter die Armen zu verteilen. Aber der Junge war, wie Elisabeth in den Geschichten der herumreisenden franziskanischen Wanderprediger, die auch die Wartburg besuchten, vermutlich mit Entzücken vernommen hat, einfach nicht zur Vernunft zu bringen. Als Pietro in einer öffentlichen Veranstaltung auf dem Marktplatz versuchte, seine väterliche Autorität durchzusetzen, fing Francesco doch tatsächlich an, sich auszuziehen, bis er splitterfasernackt vor der Menge und dem entsetzten Bischof dastand. Er wollte nackt dem nackten Christus folgen, ja sogar der neue Verrückte in der Welt sein. Und genau das tat er auch. Er tanzte mit dem Wolf, predigte den Gänsen und verhielt sich in jeder Weise wie ein Gaukler Gottes. Und er war nicht allein. Trendsetter war er schon vorher gewesen, in seiner Zeit als Partylöwe, aber auch nun folgte ihm die ambitionierte Jugend von Assisi in Scharen. Sogar die jungen Damen verließen bei Nacht und Nebel ihre wohlbehüteten Bürgerhäuser, um buchstäblich auf der Straße zu leben. Es war ein Skandal. Dass aus all dem ein Orden werden konnte, der vom Papst persönlich die Anerkennung erhielt, grenzt an ein Wunder. Allerdings an eines, das eine Menge mit dem Zeitgeist zu tun hat. Die Franziskaner verkörperten viel von dem, was in den Städten und, wie man am Beispiel Elisabeths sehen kann, auch auf den Burgen, diskutiert wurde. Die Fragen, die sie aufwarfen, brannten vielen auf der Seele: Was braucht man wirklich zum Leben, was ist der Sinn unserer Existenz, worauf kommt es in Wahrheit an? Die Antworten darauf sind notwendig, sie können aber auch provozieren. Doch die Franziskaner hatten einen gewaltigen Vorteil: Sie waren völlig uninteressiert an Macht. Deshalb fiel es der Kirche auch relativ leicht, sie anzuerkennen. Und das, obwohl sie etwas wirklich Ungewöhnliches wagten. Franziskus' vom Papst akzeptierter Orden ging buchstäblich neue Wege, denn zu den Grundsätzen seiner Brüder gehörte eben nicht die *stabilitas loci*, das Bleiben an einem Ort, das die Benediktiner auszeichnet, sondern das Umherziehen als Pilger in der Welt. Auf diese Weise gelangten die Franziskaner bereits zu Lebzeiten ihres Gründers nach Salzburg, Koblenz, Köln und Lübeck. 1224 erreichte der Laienbruder Rodeger als einer der ersten Franziskaner Thüringen und predigte unter anderem auch am Hof auf der Wartburg. Ludwig und Elisabeth waren begeistert von den Idealen der Armutsbewegung. Allerdings konnte und wollte Rodeger nicht als Beichtvater der Fürstin am Thüringer Hof bleiben. Zum einen war er kein Kleriker, zum anderen untersagte der Ordensgründer seinen Mitgliedern derartig enge Kontakte mit Frauen. Doch zwei Jahre später fand das Fürstenpaar den Mann, der ihrem Bedürfnis nach geistlicher Begleitung auf der Grundlage der geistigen Ausrichtung der Armutsbewegung entgegenkam.

Wegbegleitung und Unabhängigkeit

Die Lebensbeschreibung Elisabeths berichtet darüber, wie sehr sie sich einen geistlichen Begleiter wünschte. Landgraf Ludwig wurde 1226 auf Konrad aufmerksam und überzeugte sich in persönlichen Gesprächen von dessen Eignung als Beichtvater für seine Frau Elisabeth. Ob es den Tatsachen entspricht, dass Elisabeth sich, wie es in der *Vita* heißt, an Papst Gregor gewandt hat, um einen geeigneten Beichtvater zu finden, lässt sich nicht belegen. Jacobus von Voragine nahm diese Information jedenfalls nicht in seine *Legenda aurea* auf. Es ist aber durchaus denkbar, dass Elisabeth dem Papst schrieb und ihn um eine Empfehlung bat. Das Beispiel der ein Jahrhundert zuvor lebenden heiligen Hildegard zeigt, dass dies keineswegs unüblich war. Auch sie wandte sich in einer persönlichen Angelegenheit an den damaligen Heiligen Vater. In Elisabeths Fall spricht noch ein weiteres Detail dafür, dass sie sich ihren Beichtvater vom obersten Hirten der Christenheit persönlich erbat. Denn Gregor IX. war von 1207 bis 1209 als päpstlicher Legat in Deutschland tätig gewesen und kannte sich mit den hiesigen Verhältnissen gut aus. Und noch ein weiteres Faktum spricht für den direkten Kontakt zwischen Elisabeth und dem Papst: Gregor IX. war ein Freund des heiligen Franziskus gewesen. Die Armutsbewegung, deren Spiritualität Elisabeth so sehr ansprach, lag dem Papst ganz persönlich am Herzen. Dies wird auch daran deutlich, dass er den Gründer des Franziskanerordens in der Rekordzeit von 19 Monate heiliggesprochen hatte. Darüber hinaus hatte der Pontifex auch enge persönliche Kontakte zur Armutsbewegung. Dass der Hinweis auf ein

Schreiben Elisabeths an den Papst und ihre Bitte um die Empfehlung eines geeigneten geistlichen Begleiters in der *Vita* im Hinblick auf die Kanonisierung Elisabeths erfolgt ist, liegt nahe, zeigt dieser Vorgang doch, wie bemüht Elisabeth um ein heiligmäßiges Leben war. Es ist jedenfalls gut möglich, dass Gregor Konrad von Marburg als geeigneten geistlichen Begleiter benannte, einen Mann, der seit 1213 im Auftrag des damaligen Papstes Innozenz III. als Kreuzzugsprediger in der Kirchenprovinz Bremen gewirkt hatte und inzwischen für Gregor in den Bistümern Mainz und Meißen tätig und somit ohnehin für größere Teile der Landgrafschaft zuständig war. 1226 stellte Konrad sich auf der Wartburg vor, und Landgraf Ludwig befand ihn nach einem persönlichen Gespräch als geeignet, spiritueller Berater seiner Frau zu werden. Die Folgen waren durchaus gravierend. Im selben Jahr, in dem sie und Ludwig das erste Mal mit Konrad von Marburg in Kontakt getreten waren, legte Elisabeth in der Kirche des Eisenacher Katharinenklosters, in dem ihre Schwiegermutter Sophie zu diesem Zeitpunkt als Nonne lebte, ein folgenschweres Gelübde ab. Sie legte ihre Hände in die ihres Beichtvaters – eine Geste, die im Lehnswesen üblich ist, aber auch von Mönchen und Nonnen anlässlich der Ablegung ihrer Gelübde vollzogen wurde. Dann gelobte sie ihm unbedingten Gehorsam und Keuschheit für den Fall, dass ihr Mann vor ihr sterben würde. Damit hatte sie sich zu zweien der drei evangelischen Räte verpflichtet, die die Grundlage des monastischen Lebens bildeten. Wenn es nach Elisabeth gegangen wäre, hätte sie nur zu gerne auch Armut gelobt, aber es scheint Konrad gelungen zu sein, sie von dieser allzu öffentlichen Provokation der landgräflichen Familie abzubringen. Von bedeutendem Interesse ist im Falle Elisabeths aber ohnehin in erster Linie das Gehorsamsgelübde. Denn mit ihm legte sie den Grundstein für ein Leben nach ihren eigenen Vorstellungen, sollte sie verwitwet werden. Dass dies bald der Fall sein könnte, war Elisabeth mit Sicherheit bewusst, denn 1227 brach Ludwig von Thüringen in Einlösung seines Kreuzzugsgelübdes mit seinem Gefolge auf, um Kaiser Friedrich II. bei seinen Kämpfen im Heiligen Land beizustehen. Es ist sogar wahrscheinlich, dass Ludwig Konrad gerade deswegen für einen geeigneten geistlichen Begleiter seiner Frau gehalten hatte, weil dieser sich für den Kreuzzug engagierte, an dem der Landgraf teilnehmen würde. Denn auf diese Weise hatte er das Gefühl, auch über die Entfernung hinweg enger mit seiner Frau verbunden zu bleiben, und Elisabeth empfand das Gehorsamsgelübde gegenüber einem Kreuzzugsprediger gewissermaßen als ihre persönliche Form der Teilhabe am Schicksal ihres geliebten Ehemannes. Ludwig hatte mehr als einen Grund für diese Heerfolge. Zwar war er als Landesfürst und Stauferparteigänger ohnehin in der Pflicht, doch zusätzlich hatte er noch gut im Gedächtnis, wie Friedrich II. sich, kurz nachdem er die Herrschaft von seinem in geistiger Umnachtung verstorbenen Vater übernommen hatte, für ihn eingesetzt hatte, als er in einen schweren Konflikt mit dem mächtigen Erzbischof von Mainz geraten war. Wer im Mittelalter an einem solchen Feldzug teilnahm, machte – das galt als völlig normal und als realistische Vorbereitung auf ein solch gefährliches Unternehmen – sein Testament. So eng, wie Elisabeth und Ludwig miteinander verbunden waren, kann man fest davon ausgehen, dass sie in die Pläne ihres Mannes eingeweiht war. Die Thüringer waren Anhänger der staufischen Partei, also war eine Teilnahme des Landesfürsten am Kreuzzug selbstverständlich, und im Grunde konnte das Paar froh sein, dass der Kaiser, der so wenig von der Idee einer bewaffneten Auseinandersetzung mit den kulturell hochstehenden Muslimen begeistert war, weil er deren wissenschaftliche Leistungen schätzte, und dessen Hof in Sizilien von der muslimischen Kultur maßgeblich geprägt war, den Kriegszug so lange hinausgeschoben hatte. Wenn Elisabeth aber wusste, dass Ludwig bald von ihr getrennt sein und sie ihn möglicherweise nicht lebend wiedersehen würde, ergab es Sinn, dass auch sie die Weichen für ihr künftiges Leben stellte.

Was den Umgang mit dem Tod angeht, waren die Menschen des Mittelalters bei Weitem realistischer, als wir es heute sind. Während heute viele noch nie einen Sterbenden oder Toten gesehen haben, war der Tod in Elisabeths Welt allgegenwärtig. Es war nicht ungewöhnlich, dass von sechs Kindern nur eines das Erwachsenenalter erreichte, und die mitunter schrecklichen hygienischen Verhältnisse sorgten vor allem in den Städten immer wieder für aufflammende Seuchen, denen Hunderte oder sogar Tausende von Menschen zum Opfer fielen. Dazu kamen Mangelernährung und eine oft erbärmliche medizinische Versorgung. Der gewaltsame Tod, wie Elisabeth ihn für Ludwig fürchtete, war allgegenwärtig. Was lag also näher, als sein Leben, wenn man, wie die Regel Benedikts es als geistliche Übung empfiehlt, den unberechenbaren Tod ohnehin täglich vor Augen hat, an den entscheidenden Schnittstellen in die richtigen Bahnen zu lenken?

Genau dies tat sie, indem sie, öffentlichkeitswirksam und offenkundig mit Rückendeckung ihrer ein klösterliches Leben führenden Schwiegermutter, ein Gelübde ablegte, das ihr den Weg in ein eigenes geistliches Leben ebnete. Sowohl Jungfrauen als auch Witwen waren berechtigt, Christus als ihren Bräutigam anzunehmen. Und nicht wenige verwitwete Frauen entschieden sich für diesen Weg, um frei zu sein für ein spirituelles Leben ohne weltliche Verpflichtungen. Ein Gelübde galt auch im Bereich des religiösen Lebens im Mittelalter als rechtlich bindend. Es war keine Privatsache, in der man heute so und morgen anders entscheiden konnte. Das aber wollte Elisabeth. Ihr war daran gelegen, festzuhalten, dass sie als Witwe nicht erneut Teil des politischen Ränkespiels wurde. Ohne die Gelübde der Keuschheit als Witwe und des absoluten Gehorsams gegenüber Konrad hätte man sie möglicherweise schnell wieder verheiratet. So jedoch war sie bis zum Tod ihres Ehemannes eine Verlobte Jesu Christi. Elisabeth war nun wirklich frei.

Wenn Bindung Wünsche auf den Punkt bringt

Doch das Gehorsamsgelübde hatte auch noch andere, tiefergehende Konnotationen. Spirituell ist es grundlegend für den auch in der Regel Benedikts geforderten Verzicht auf die „Regungen des Eigenwillens". Er bringt diejenigen, die das Gelübde ablegen, in die direkte Nachfolge Jesu, der von sich sagt, dass er nicht seinem Willen, sondern dem Willen seines Vaters folgt. Für Elisabeth, die, glaubt man ihrer Umgebung, sehr geneigt war, nicht nur selbst zu tun, was sie wollte, sondern dies auch von anderen zu verlangen, war der Gehorsam gegenüber Konrad eine echte Herausforderung. Ähnlich versteht es auch die Regel Benedikt, wenn sie dazu auffordert, den Verzicht auf den Eigenwillen zu erlernen. Der Abt, die Äbtissin, oder in Elisabeths Fall der Beichtvater Konrad von Marburg bietet das Trainingsfeld für das Sich-Distanzieren von eigenen Interessen und Vorstellungen. Und Konrad machte ernst und gab Elisabeth einen Befehl, der ihr Dilemma gewissermaßen auf den Punkt brachte. Er sorgte nämlich dafür, dass sie in einen direkten Interessenskonflikt mit ihren Aufgaben als Landesfürstin geriet, indem er sie aufforderte, zu einer seiner Predigten zu erscheinen, als Elisabeth überraschend Besuch von der Markgräfin von Meißen erhielt. Sie nicht zu begrüßen wäre eine grobe Unhöflichkeit gewesen und hätte erhebliche diplomatische Verwicklungen zufolge gehabt. Denn ihr Mann Ludwig hatte gerade erst eine Eventualbelehnung der Markgrafschaft erlangt. Sein verstorbener Schwager, Markgraf Dietrich von Meißen, hatte ihn zum Vormund seines Neffen, Heinrichs des Erlauchten, ernannt, und Ludwig hatte die Gelegenheit genutzt, sein Territorium zu erweitern, und war mit militärischer Gewalt bis an die Niederlausitz vorgedrungen. Die Markgräfin, seine Schwester Jutta, hatte ihm heftigen Widerstand entgegengesetzt. Aber Ludwig hatte auf diplomatischem Wege Dank des Eingreifen Friedrichs, der nach dieser zweimaligen Hilfeleistung endgültig die uneingeschränkte Heerfolge durch Ludwig beim Kreuzzug erwarten konnte, die gewünschte Eventualbelehnung und damit die Herrschaft über die Markgrafschaft Meißen erlangt. Wenn Elisabeth Jutta bei ihrem Besuch auf der Wartburg düpiert und auf eine Begrüßung verzichtet hätte, nur um eine Predigt Konrads zu hören, wäre dies einer Kriegserklärung gleichgekommen. Gut möglich, dass sie damit nicht nur die Sympathien Juttas und ihrer Anhänger, sondern auch die ihres Mannes Ludwig verscherzt hätte. Erschwerend kommt noch hinzu, dass die Wartburg damals in mehrfacher Hinsicht im Fokus der Wahrnehmung stand. Ähnlich wie das heutige Gebäude schon von Weitem wahrnehmbar ist, war die Wartburg auch zu Zeiten Ludwigs und Elisabeths ein Ort mit besonderer Ausstrahlung. Denn es gab im frühen 13. Jahrhundert außerhalb der italienischen Kaiserpaläste nur wenige Burgen, deren Ausstattung sich mit dem Reichtum, dem Prunkt und der Repräsentativität der Wartburg messen konnten. Bereits der Palas, den Ludwigs Großvater hatte errichten lassen, hatte Maßstäbe für die fürstliche Prachtentfaltung gesetzt. Und sein Enkel setzte den Ausbau der Wartburg zu einem Machtzentrum mit europaweiter Ausstrahlung fort, als er in den Zwanzigerjahren des 13. Jahrhunderts die Burg umfassend erneuern und gemäß der Ästhetik seiner Zeit herrichten ließ. Ähnlich wie in anderen Burganlagen befanden sich die mit den damals neuesten Gerätschaften ausgestattete Küche, die Wirtschafts- und die Lagerräume im Untergeschoss. Im ersten Stock, von der darunterliegenden Küche mitbeheizt, waren die Wohnräume des Burgherren und die Kapelle, deren Nachbarschaft zu den Wohnräumen Elisabeth sicher zu schätzen gewusst hat, wenn sie sich zu ihren nächtlichen Gebeten aufmachte. Das Kernstück der Repräsentation war jedoch der im Obergeschoss gelegene, sich über acht Fensterachsen erstreckende große Festsaal, in dem man die Großen der Welt willkommen hieß. Eine solche Anlage zu bewohnen und auf der politischen Bühne zu bespielen hieß, im Fokus Europas zu stehen, und Elisabeth kam hier als Ehefrau des Landgrafen eine bedeutende Rolle zu.

Es spricht also für Elisabeth, dass sie Verstand genug besaß, sich in diesem Moment als Landesfürstin angemessen zu benehmen. Konsequenzen hatte ihr Verhalten dennoch. Denn als Elisabeth seinem Ruf nicht folgte, kündigte Konrad seine Stellung als geistlicher Begleiter umgehend und nahm sie erst wieder auf, nachdem Elisabeth sich ihm zu Füßen geworfen hatte und er die Gelegenheit erhielt, ihre Dienerinnen zu züchtigen, die er für ihr Nichterscheinen mit verantwortlich machte. Aber Konrads Verhalten ist nicht einfach nur blauäugig, selbstsüchtig oder grausam. Er brachte vielmehr an dieser Stelle, wie es sich für einen guten geistlichen Begleiter gehört, das Wesen einer geistlichen Grundhaltung auf den Punkt und zeigte Elisabeth, was es im Ernstfall bedeutet, dem Gottesdienst nichts vorzuziehen. Der Gehorsam muss nämlich, wie es schon die Regel Benedikts vorsieht, auch und gerade dann geübt werden, wenn es einmal widrig zugeht.

Heinrich von Veldeke, ein Minnesänger am Thüringer Hof

Charakterstark, charismatisch, umstritten

Die Szene zeigt, dass der zwischen 1180 und 1190 in Marburg als Sohn eines Ministerialen geborene Konrad eine luzide Intelligenz besaß. Tatsächlich war er, der vermutlich bei dem Pariser Theologen Petrus Kantor studiert hatte, für einen Kleriker überdurchschnittlich gebildet. Sein Abschluss als Magister entspricht in etwa dem einer heutigen Promotion. Dass wir seine Intervention beim Besuch der Markgräfin heute eher als sehr rigide wahrnehmen, hängt damit zusammen, dass Konrad nicht gerade ein Sympathieträger war, auch wenn er offensichtlich über ein gewisses Charisma verfügte. Sein Redetalent sicherte ihm die Aufmerksamkeit der Menschen in den Gemeinden ebenso wie die der kirchlichen Obrigkeit. Konrad zog, bevor er Elisabeths Mentor wurde, mit einer Gruppe Gleichgesinnter umher und scheint, unterstützt durch eine Beauftragung von Papst Innozenz III., die Aufgaben eines Supervisors des deutschen Klerus wahrgenommen zu haben. Damit hat er sich vermutlich nicht sonderlich beliebt gemacht, denn niemand, auch kein Pfarrer, hat es gern, wenn man ihm auf die Finger schaut. Wenn diese Aufgabe dann noch von jemandem wahrgenommen wird, der sich vor Ort nicht auskennt, aber das Recht hat, dem obersten Chef in Rom direkt Bericht zu erstatten, löst dies sicher kein Wohlbehagen aus. Neben seiner Aufgabe als Supervisor predigte der durch persönlich äußerst bescheidene und konsequent zölibatäre Lebensführung überzeugende Kleriker von Anfang an nicht nur für den Kreuzzug, sondern auch gegen die als ketzerisch geltenden Ausläufer der

Armutsbewegung wie Katharer und Waldenser, die er auch als Luziferaner bezeichnete. Für Konrad, einen Mann des Wortes, der sich mit der Wirkmächtigkeit von Begriffen auskannte, war damit klar, auf wessen Seite die radikalen Vertreter der Armutsbewegung standen, nämlich auf der des Teufels. Deshalb fackelte Konrad auch nicht lange, wenn er eines Ketzers habhaft wurde, und übergab ihn der weltlichen Gerichtsbarkeit. Wie die Anhänger der Armutsbewegung berief auch er sich dabei auf die Heilige Schrift und nahm wörtlich, was er, passend für sein Anliegen, im Brief des Apostels Paulus an die Korinther las: „Im Namen Jesu, unseres Herrn, wollen wir uns versammeln, ihr und mein Geist, und zusammen mit der Kraft Jesu, unseres Herrn, diesen Menschen dem Satan übergeben zum Verderben seines Fleisches, damit sein Geist am Tag des Herrn gerettet wird." Man geht heute davon aus, dass Konrad, der ihn begleitende Dominikaner Konrad Tors und der Laie Johannes für hunderte von Ketzerverbrennungen verantwortlich sind. Konrads Grundhaltung war fanatisch. Wenn er Menschen begegnete, die seiner Meinung nach vom rechten Glaubensweg abgekommen waren, sah er es als seine Pflicht an, sie zu ihrem eigenen Wohl zu vernichten. Dabei überschritt er nicht selten Grenzen, eine Charaktereigenschaft, die sie auch an anderen Stellen zeigte. So missachtete er beispielsweise, in seinem ohnehin nicht gerade klein geratenen Selbstbewusstsein durch die päpstliche Beauftragung gestärkt, bischöfliche Befugnisse und zog so nach und nach die Kritik des Episkopats auf sich. Doch wenn die Bischöfe nun glaubten, sie könnten Konrad durch eine Beschwerde beim Papst Einhalt gebieten, lagen sie falsch. Denn Konrad wurde in seinem Vorgehen, Inquisitionsverfahren abzukürzen und die Angeklagten, was bis dahin unerlaubt war, aufgrund der Zeugenaussagen von Tatbeteiligten zu verurteilen, von Papst Gregor IX. unterstützt. Er stellte ihm sogar ein entsprechendes Dekret aus. Hatte Konrad schon 1227 einen offiziellen Auftrag des Pontifex, in der Diözese Mainz nach Ketzern zu suchen, erhielt er 1231 darüber hinaus die volle richterliche Befugnis, die Exkommunikation auszusprechen und die Verurteilten der weltlichen Gerichtsbarkeit zu übergeben, sprich, sie auf den Scheiterhaufen zu bringen. Da Konrad Ketzerei sehr leicht und schnell auch dort vermutete, wo wir heute allenfalls von persönlichen Gewissensentscheidungen oder dem Recht auf Meinungsfreiheit sprechen würden, stieg die Zahl der von ihm Verurteilten rasant in die Höhe. Auch Chronisten, die Konrad gegenüber nicht grundsätzlich kritisch eingestellt waren, verglichen sein Wirken mit den Christenverfolgungen unter Kaiser Julian Apostata, der zum alten heidnischen Glauben zurückgekehrt war und die Christen daraufhin grausamen Repressionen aussetzte. Schwer wiegt der Vorwurf, dass unter den von Konrad Verurteilten viele Unschuldige waren. Auch die neuen Verfahrensformen, die der Prediger, vom Papst unterstützt, einführte, erregten damals großes Aufsehen. War es zuvor nur dann möglich, jemanden anzuklagen, wenn ein von diesem Geschädigter Anklage erhob – das Sprichwort „wo kein Kläger, da kein Richter" spiegelt diese Rechtauffassung wider –, so konnte Konrad nun selbst initiativ werden und da, wo es ihm geboten erschien, ein Verfahren eröffnen. Die Rolle der Staatsanwaltschaft mit ihrer Möglichkeit, eigenständig zu ermitteln, und ihrer Aufgabe, die Aussagen der Zeugen gegeneinander abzuwägen, geht rechtsgeschichtlich auf die sich zur Zeit Elisabeths vollziehende und auch von Konrad vorangetriebene Entwicklung zurück. Juristisch war der Papst damals, so kritisch die Bischöfe seine Entscheidung auch sahen, also auf dem richtigen Weg. Das Verfahren hatte aber auch sehr grausame Aspekte. Denn ein Angeklagter konnte nur dann verurteilt werden, wenn er seine Schuld eingestand. Tat er dies nicht, so drohte ihm oder ihr die Folter, mit deren zweifelhafter Hilfe man früher oder später die gewünschten Geständnisse erhielt. Konrad arbeitete also zunächst unter dem Schutz des Papstes ungehindert weiter. Doch schließlich wendete sich das Blatt doch noch zu seinen Ungunsten. Denn seine bescheidene Lebensführung hinderte Konrad nicht daran, eine unbescheidene Selbsteinschätzung zu entwickeln. Er klagte den im Rheinland sehr einflussreichen Grafen Heinrich III. von Sayn an, freundschaftliche Kontakte zu Ketzern zu pflegen. Doch nun hatte Konrad sich endgültig überschätzt. Heinrich III. bewirkte, dass sein Fall nicht vor dem Inquisitionsgericht, sondern vor dem im Dom zu Mainz tagenden Reichsgericht verhandelt wurde. Hier konnte er auf die bis dato üblichen gerichtlichen Verfahren zurückgreifen. Sie waren der germanischen Rechtstradition verpflichtet und sahen vor, dass ein Angeklagter sich mit Hilfe von Eideshelfern gegen den jeweils erhobenen Vorwurf verteidigen konnte. Wenn sie seinen Leumund bezeugten, galt dies als rechtsfähiger Beweis seiner Unschuld. Der Leumundseid war eine Weiterentwicklung des im Frühmittelalter praktizierten Gottesurteils, bei dem ein Zweikampf, eine Wasserprobe oder wie im Fall der heiligen Kunigunde ein Gang über glühend heiße Sicheln über Schuld oder Unschuld Auskunft geben sollte. Heinrich III. von Sayn hatte angesichts seiner guten Beziehungen im Netzwerk des Adels selbstverständlich keine Schwierigkeiten, die erforderliche Zahl von Eideshelfern beizubringen, die seinen tadellosen Leumund bezeugten, und wurde freigesprochen. Zudem hatten auch jene, die zuvor seine Kontakte zu Ketzern bestätigt hatten, sich eines anderen besonnen und ihre Aussagen widerrufen. Die wenigen standhaften Zeugen, die Konrads Anklage noch unterstützten, wurden als allgemein bekannte Feinde des Grafen gar nicht erst zum Verfahren zugelassen. Konrad wollte nach dieser Niederlage mit zwei Gefährten nach Marburg zurückkehren. Wohl wissend, dass der Prediger sich diesmal mächtige und rachsüchtige Feinde geschaffen hatte, bot man ihm Geleitschutz an. Konrad lehnte dies ab. Stattdessen reiste er, für den Gottvertrauen und das Eintreten für eine als richtig erkannte Sache selbstverständliche geistliche Grundhaltungen waren, am 30. Juli 1233 ohne bewaffnetes Gefolge von Mainz nach Marburg zurück. Auf dem Weg dorthin wurden er und seine Gefährten jedoch von Gefolgsleuten des Grafen erschlagen. Die Trauer um Konrad hielt sich in engen Grenzen. Seine Ermordung scheint vielmehr eine Welle der Genugtuung ausgelöst zu haben, denn die Mörder wurden nur mit geringem Eifer verfolgt, und diejenigen, die sich freiwillig stellten, bekamen auffallend geringe Strafen. Nur die Marburger schienen Konrad wertzuschätzen und sorgten dafür, dass er und sein mit ihm ermordeter Gefährte Gerhard Lützelkolbe in jener Kapelle neben dem Grab Elisabeths beigesetzt wurde, deren Bau er selbst veranlasst hatte. Es erscheint passend, dass diese beiden geistlichen Menschen, die in ihren Stärken und Schwächen gleichermaßen aufeinander bezogen waren, die sich aneinander rieben, aber auch gut ergänzten, sich im Tod so nah sind, wie sie es auch im Leben waren. Ihr Lebenszeugnis ergibt tatsächlich in der Zusammenschau ihres Wirkens und ihrer Eigenschaften Sinn. Denn so, wie Elisabeth keineswegs nur eine sanftmütige, mitleidende und aufopferungsbereite Dienerin der Armen war, sondern ebenso eine selbstbewusste, energische, radikale, mitunter harsche Frau, die sehr genau wusste, was sie wollte, war Konrad eben auch nicht nur der fanatische Ketzerverfolger und gestrenge Zuchtmeister Elisabeths, der sie vom blühenden Leben des Hofes fernhielt und Freude daran hatte, sie zu züchtigen, sondern vielmehr ein folgerichtig denkender und handelnder geistlicher Begleiter, der sich mit aller Kraft darum bemühte, Elisabeths in letzter Konsequenz selbstzerstörerische Form der Entsagung in Grenzen zu halten.

Sein unrühmliches Ende trägt bis heute dazu bei, Konrad überwiegend negativ zu sehen. Doch Elisabeth hätte dies vermutlich anders beurteilt. Sie war zufrieden mit ihrem Beichtvater, dessen Urteil sie im Großen und Ganzen traute, auch wenn sie ihn immer wieder einmal austrickste, wenn er beispielsweise ihrer Freigebigkeit aus ihrer Sicht unliebsame Grenzen setzte.

Wie bereits erwähnt, legte Elisabeth das Gelübde, an dem sie vielleicht am meisten interessiert war, nämlich das der Armut, nicht ab. Dennoch stand gerade dies für sie im Zentrum, wie die folgende Aussage gegenüber ihren Dienerinnen belegt. *„Ich hätte allerdings irgendeinem reichen Bischof oder Abt Gehorsam geloben können; ich glaube aber, besser zu handeln, wenn ich dem Magister Konrad dieses Gelübde ablegte, weil dieser bettelarm ist. So hatte ich in diesem Leben keine äußere Hilfe zu erwarten."* Auf das Armutsgelübde zu verzichten bedeutete für sie allerdings keineswegs, in diesem Bereich keine Zeichen zu setzen. Sie unterschied jedoch, wie der Besuch der Markgräfin von Meißen eindrucksvoll zeigt, wenn es darauf ankam, sehr geschickt

Den Armen zugewandt

zwischen ihrer Rolle als Landesfürstin, die sie in dem Anlass angemessener Kleidung wahrnahm, und ihrem privaten und geistlichen Leben. Hier präsentierte sie sich als Arme. Jacobus von Voragine berichtet, dass Elisabeth, wenn sie mit ihren Mägden allein war, schlichte Kleider und ein einfaches Kopftuch trug und zu sagen pflegte: *„So wird man mich schauen, wenn ich zum Stand der Armut gelangt bin."* Diese Aussage ist ein weiteres Zeichen dafür, dass Elisabeth ihr öffentliches Gelübde mit Bedacht im Hinblick auf ihre Lebensgestaltung als Witwe abgelegt hatte und genau jenes Leben, das sie später in Marburg führen würde, Teil ihrer Lebensplanung war. Bei Gottesdiensten weigerte sie sich weiterhin, fürstliche Insignien wie Kopfschmuck und kostbare Kleidung zu tragen, und ging noch einen Schritt weiter, indem sie an öffentlichen Prozessionen an kirchlichen Hochfesten nun grundsätzlich barfuß und in schlichter Kleidung teilnahm, wobei sie sich generell zu den armen Frauen gesellte. Wir können mit Sicherheit davon ausgehen, dass Elisabeth dieses öffentlich sehr beachtete Vorgehen mit ihrem geistlichen Begleiter abstimmte und von ihm darin unterstützt wurde.

Stiller Protest auf offener Bühne

Zu den Verpflichtungen, die Konrad von Marburg Elisabeth auferlegte, gehörten Gehorsam, Demut und Barmherzigkeit. Von besonders tiefgreifender Auswirkung war sein Gebot, Elisabeth dürfe nur noch an solchen Produkten der Hofhaltung partizipieren, die nicht auf unrechtmäßige Ausbeutung der Untertanen zurückgingen. Auch an dieser Stelle brachte Konrad die Dinge, wie schon bei seiner Anweisung, anstatt die Markgräfin von Meißen zu empfangen, zum Gottesdienst zu erscheinen, auf den Punkt. Zugleich nutzte der Priester hier seine Stellung als Hofprediger und geistlicher Begleiter der Fürstin, um ein Zeichen zu setzen, dass reichsweit wahrgenommen werden würde. Denn Elisabeth war nicht irgendeine Handwerkerin und die Residenz der Landgrafschaft kein abgelegener Bauernhof. Durch ihre Herkunft aus dem ungarischen Königshaus war sie mit dem gesamten europäischen Hochadel verwandt, und die Hofhaltung an der Wartburg konnte sich im Hinblick auf ihre Prachtentfaltung selbst mit den italienischen Kaiserpalästen messen. Von ihrem Ehemann wurde aufgrund seiner fürstlichen Stellung und seiner Verwandtschaft mit Kaiser Friedrich II., dessen Großcousin er war, erwartet, dass auf seinen Empfängen Mahlzeiten mit Fünf-Sterne-Standard präsentiert wurden. Gäste wie Elisabeths Schwägerin Irmengard, die Gattin des französischen Königs, oder ihr Onkel Ottokar, König von Böhmen, mussten selbstverständlich standesgemäß bewirtet werden. Die fürstliche Tafel war daher stets mit kostbarem Zinn- und Silbergeschirr gedeckt. Auf den Tellern fanden die ohnehin selten besonders hungrigen Gäste nicht nur Wildbret, das allein die Jäger des Landesfürsten jagen durften, während seine Untertanen kaum jemals Fleisch zu essen bekamen, und Feldfrüchte aus den eigenen Ländereien oder vom Zehnten der Untertanen. Aber auch Exotisches wie Obst und Gewürze, die für teures Geld aus fernen Ländern herbeigeschafft worden waren, durften an der Tafel nicht fehlen. Fünf Gänge waren das Minimum für ein Menu an einer Fürstentafel, und unter den Gerichten waren aufwändig verziertes Geflügel, dem nach dem Braten die Federn zur Dekoration noch einmal mit einer Mischung aus Honig und Gewürzen angeklebt worden waren, fangfrischer Fisch aus den eigenen Seen und mehrstöckige Marzipantorten. Dazu wurden reichlich Würzwein und das in Deutschland gern getrunkene Bier gereicht.

Es muss deshalb ein ungeheurer Skandal gewesen sein, als Elisabeth an der Tafel des Fürsten zum ersten Mal dem Gebot ihres geistlichen Begleiters folgte und nur von den Speisen aß, die von den rechtmäßigen Gütern ihres Gemahls oder ihren eigenen Besitzungen stammten, auf denen sie die Kontrolle über die Produktionsbedingungen hatte. Die Kritik an der verschwenderischen Lebensführung der Reichen und Mächtigen und ihrer Ausbeutung der Armen war nicht neu. Kirchliche Reformprediger hatten schon länger gegen die kostbaren Brokatgewänder und die Verschwendungssucht des Adels gewettert, der mit der viel zu gering entgoltenen Arbeit der ärmeren Bevölkerung in spiritueller Hinsicht teuer bezahlt wurde. Denn der immer mehr gesteigerte Luxus des fürstlichen Lebensstils führte zu unerträglichen Belastungen der Bauern, die das anbauen und ernten mussten, was dann auf der höfischen Tafel nur gabelspitzenweise genossen wurde, weil alle Anwesenden nach den ersten drei Gängen bereits pappsatt waren. Dazu kam, dass im Rahmen der zwischen den einzelnen Fürsten ausgetragenen Fehden die Ländereien häufig verwüstet und gute Ernten sinnlos vernichtet wurden. Hungern mussten dann aber nicht die Fürsten, sondern vielmehr die Bauern, deren Arbeit in Grund und Boden getreten worden war. Elisabeth war sich dieser Zusammenhänge bewusst. Denn Konrad, einer jener Prediger, die schon seit Jahren mehr oder weniger vergeblich gegen Verschwendung und Luxus gewettert hatte, ergriff als ihr persönlicher geistlicher Begleiter seine Chance, die junge Frau, die ihm so willig Gehorsam gelobt und eine so erkennbare Sehnsucht nach einem einfacheren Leben hatte, dazu zu motivieren, an seiner Stelle durch ihre Lebenshaltung das zu verkünden, was er von der Kanzel bereits wortgewaltig, aber konsequenzenfrei gepredigt hatte. Und er hatte Erfolg.

Denn mit Elisabeth war die Kritik mitten ins Herz des Establishments vorgedrungen. Die junge Landesfürstin selbst hielt denen, die mit ihr tafelten, den Spiegel vor, indem sie ihnen durch ihren Verzicht zeigte, welche Speisen unrechtmäßigerweise von Untertanen eingetrieben worden waren, die ihrer selbst dringend bedurft hätten. Und als wäre ein solcher Affront nicht schon genug gewesen, überzeugte sie auch noch die Frauen ihres Hofstaates, es ihr gleichzutun.

„Daran hielt sie sich so streng, dass sie bei Tisch an der Seite ihres Gemahls alles verschmähte, was von den Ämtern und Eintreibungen der Beamten stammte. Sie griff nur zu, wenn sie wusste, dass diese Speisen von den rechtmäßigen Gütern ihres Gemahls kamen. Sie wäre mit den Ihrigen auch mit trockenem Brot zufrieden gewesen, wenn sie solches gehabt und mit gutem Gewissen hätte verzeh-

ren können. *Daher wurde sie, selbst bei verschiedenen Gängen am Tisch ihres Gemahls, von Hunger und Durst geplagt. Litten aber ihre Dienerinnen Not, weil sie ihnen nicht aus rechtmäßigen Herkünften helfen konnte, so quälte sie das mehr als eigener Mangel. Oft erkundigte sie sich daher nach den Dienstleistungen der Verwalter, und wenn sie nur erlaubte Speisen vorfand, sagte sie zu den Dienerinnen: „Heute dürft ihr nur essen!" Fand sie aber nur erlaubtes Getränk vor, dann: „Heute dürft ihr nur trinken!" Stammte aber beides aus rechter Herkunft, dann klatsche sie vor Freude in die Hände und rief: „Wohl uns! Heute wollen wir essen und trinken!"*

Aber Elisabeth beließ es nicht dabei, Zeichenhandlungen zu vollziehen. Sie bemühte sich vielmehr aktiv darum, die Besucherinnen und Besucher ihres Fürstenhofes davon zu überzeugen, es ihr gleichzutun. Sie sprach mit ihnen, wie ihre Biografen berichten „wie ein Prediger über Gott". Ihre Ratschläge, wie man ein einfacheres, sinnerfülltes Leben führen und den ungerecht angehäuften Besitz unter die Armen verteilen könne, erteilte sie ungebeten. Und sie ging noch weiter. Adeligen Damen, die ihren Hof besuchten und dort ihre kostbaren, extrem teuren und nach der neuesten Mode geschneiderten und mitunter tiefen Einblick auf ihre hübschen Körper gewährenden Kleider zu Markte trugen, sandte sie einfache und züchtige Gewänder und belehrte die Damen außerdem noch darüber, dass es für sie besser sei, nach dem Tod ihrer Ehemänner enthaltsam zu leben. Elisabeth entwickelte sich mit anderen Worten zu einer öffentlichkeitswirksamen Nervensäge für eine Gesellschaft, die sich durch ihr lebendiges Beispiel in ihrer selbstgefälligen Form der Selbstdarstellung empfindlich gestört fühlte.

Natürlich hatten alle am Hof erwartet, dass der Landgraf dieser neuen exzentrischen Marotte seiner Frau Einhalt gebieten würde. Selbst ihren Dienerinnen und Hofdamen, die gezwungen waren, Elisabeths Lebensform zu teilen, obwohl die eine oder andere bei Tisch wohl lieber kräftig zugelangt hätte, war ihr Verhalten peinlich. Ihre Mägde entschuldigten sich sogar bei Ludwig für das in ihren Augen höchst ungebührliche Betragen ihrer unbequemen Herrin. Aber er ließ sie gewähren. Mehr noch: Ludwig gab ihr, wie Jacobus von Voragine es in der *Legenda aurea* schildert, „eine Rente, die er zu Recht besaß. Davon lebte sie mit ihren Mägden, die ihr in all diesen Dingen folgsam waren." Ludwig ließ sogar verlauten, dass er gern selbst dem Beispiel seiner Frau gefolgt wäre, „wenn er dadurch nicht die Verwirrung seines Hauses fürchten müsste".

Es ist also davon auszugehen, dass Ludwig die Kritik seiner Frau an den ungerechten sozialen Verhältnissen teilte. Diplomatisch geschickt blieb er selbst bei der gewohnten Herrschaftsform mit dem Eintreiben des Zehnten, ließ seine Frau aber eigene Akzente setzen, wenn sie in seiner Abwesenheit regierte. So billigte er es beispielsweise ausdrücklich, dass Elisabeth, als er selbst sich bei einem Hoftag Kaiser Friedrichs II. in Cremona aufhielt, das in den Vorratskammern der Burg gelagerte Korn an die Armen verteilte, als im Land eine Hungersnot drohte. Elisabeths konsequente Haltung in den Fragen der Umverteilung des Besitzes und der gerechten Produktionsbedingungen berührt heute einen besonderen Nerv. Auch in unserem Land besitzen sehr wenige Menschen mehr als alle anderen zusammengenommen. Wir bedauern es, wenn in Bangladesch eine Fabrik abbrennt, in der Bekleidungsstücke unter entsetzlichen Bedingungen von Frauen gefertigt wurden, die mit einem Hungerlohn

Friedrich II. mit Sultan Al-Kamil

abgespeist werden, aber wir gehen in genau jene Geschäfte, die diese Kleidung so preisgünstig anbieten. Wir kaufen billige Schokolade für uns und unsere lieben Kleinen, obwohl wir wissen, dass fast der gesamte Bestand dieses leckeren Genussmittels entsteht, weil Kinder, die genau so jung sind wie Hanna, Elias, Greta oder Jakob aus unserer Nachbarschaft, Tag für Tag wie Sklaven schuften müssen, um die Kakaobohnen zu ernten. Wir ließen uns noch vor Kurzem, einfach, weil es scheinbar nichts kostete, bei jedem Einkauf eine Plastiktüte mitgeben, die zu Hause gleich in den Müll wanderte, obwohl in den Weltmeeren schon Plastikinseln von der Größe eines Kontinentes schwimmen und die Mikroplastikkügelchen, zu denen der Stoff nach vielen Jahren zerfällt, mit den Fischen, die sie verzehren, nicht nur wieder auf unseren Tellern landen, sondern inzwischen selbst in den Eisbären am Nordpol nachweisbar sind. Wir sehen tatenlos zu, wenn Politiker es erlauben, dass die Produktion von Medikamenten nach Indien ausgelagert wird, wo sie von unterbezahlten Hilfsarbeitern in Hinterhöfen zusammengerührt werden und wo die Flüsse voller antibiotikaresistenter Bakterien sind, obwohl uns klar sein muss, dass die Folgen dieses Irrsinns weltweit schrecklich sein und jene zuerst sterben werden, die von uns jahrelang ausgebeutet worden sind. All das ist zutiefst unchristlich. Aber es geschieht, weil wir alle nicht genug dagegen tun. Elisabeth ging es in ihrer Zeit nicht anders. Aber sie hat durch ihre Sozialkritik an vollen Tischen wirkungsvoll Zeichen gesetzt. Tatsächlich sähe es auch in unserer Welt sehr viel besser aus, wenn niemand mehr billiges Fleisch im Supermarkt kaufen und die Idee vom Recht auf das tägliche Wurstbrot als das gelten würde, was sie in Wahrheit ist: ein den Klimawandel und den Hunger in der Welt begünstigendes Unrecht.

Selbstkasteiung und organisierte Caritas

Elisabeth verwirklichte mit verblüffender Konsequenz ein Leben nach dem Evangelium. In mancherlei Hinsicht nahm sie dabei eine Vorreiterstellung ein. Zumindest in Deutschland war sie dem Zeitgeist voraus, indem sie Praktiken wie die religiös motivierte Kasteiung einführte. Auch darin wurde sie von ihrem Mann Ludwig unterstützt. Er wies beispielsweise ihre Dienerinnen an, Elisabeth auszupeitschen, und sanktionierte so in aller Öffentlichkeit ihren Wunsch, ihre Spiritualität auf diese Weise zu leben. Sein Verhalten ist aus heutiger Sicht sehr ungewöhnlich. Im Kontext des Thüringer Hofes war es jedoch insofern notwendig, als Elisabeths Verhalten so innovativ war, dass es, zumindest auf ihrer gesellschaftlichen Ebene, nicht verstanden wurde und die öffentliche Zustimmung Ludwigs zwingend erforderlich war. Die Geißelungen durch ihre Mägde dienten ihr als Bußübung und Teil der Meditation. Diese Form der Spiritualität, die in vielen Religionen Teil der Bußpraxis ist, ist bis zum 12. Jahrhundert im Christentum nur sehr sporadisch nachweisbar. Zwar gab es schon in der Frühzeit Christinnen und Christen, die sich in das Leiden und Sterben ihres Herrn versenkten und die Geißelung auf dem Weg zur Kreuzigung an sich selbst nachvollzogen. Dies blieben jedoch Einzelfälle, die von der Mehrheit der Gläubigen sehr skeptisch beurteilt wurden. Man kann dies sehr gut am Beispiel Hildegards von Bingen ablesen. Sie fand das extreme Verhalten ihrer Mentorin Jutta von Sponheim zutiefst erschreckend. Jutta betete nachts stundenlang barfuß in eisiger Kälte, aß deutlich zu wenig und trug eine eiserne Kette als Bußgürtel um den Leib geschlungen, die sich tief in ihre Haut eingrub, sodass sie vermutlich sowohl an völliger Entkräftung als auch an einer Blutvergiftung starb. Hildegard sorgte dafür, dass derartige Exzesse unter ihrer Leitung im Frauenkonvent auf dem Disibodenberg und im Kloster auf dem Rupertsberg nicht mehr vorkamen. Aber ab der Mitte des 12. Jahrhunderts formt sich von Italien aus ein neuer Trend zur Selbst- und Fremdgeißelung, der im späten Mittelalter in den Geißlerzügen der Pestzeit kulminierte. Die Züchtigung des eigenen Körpers hat mit dem Bußverständnis zu tun. Die Menschen jener Zeit empfanden körperliche Strafen als normal. Wenn jemand etwas Unrechtes getan hatte, erhielt er oder sie Schläge. Und die Menschen waren zugleich davon überzeugt, stellvertretend für andere Buße tun zu können. So, wie man jemanden beauftragen und dafür bezahlen konnte, auf eine Wallfahrt zu gehen, die einem selbst als Buße auferlegt worden war, glaubte man, durch Selbstzüchtigung andere von ihren Sünden befreien zu können. Der Gedanke der stellvertretenden Buße ist urchristlich, ist doch Jesu Christus für unsere Sünden gestorben. Deshalb galt diese Praxis zusätzlich als Möglichkeit, sich mit dem leidenden Christus zu identifizieren. Der Selbstzüchtigung dienten auch Bußgürtel, die mit Metallstücken versetzt waren, die sich in die Haut gruben. Eine ebenfalls schwer zu ertragende, aber nicht ganz so gesundheitsschädliche Alternative waren die sogenannten härenen Hemden. Auch Elisabeth trug ja, wann immer sie eine Gelegenheit dazu hatte, wollene Kleidung, deren raue Fasern die Haut reizten. Abweichend von den gesellschaftlichen Regeln ihres Standes widmete sich Elisabeth mit ihren Hofdamen außerdem handwerklichen Tätigkeiten. Statt der für sie angemessenen feinen Nadelarbeiten verpflichtete sie ihre Dienerinnen, Wolle zu spinnen und daraus Kleidung zu weben. Diese wurde dann an Franziskaner oder an Arme verschenkt. Hier wird ebenso wie an den bereits erwähnten spirituellen Praktiken deutlich, wie zielgerichtet Elisabeth ihr Leben nach dem Evangelium führte und wie konsequent sie ihre Umgebung darin einbezog. Geschickt knüpfte sie dabei an vorhandene Konventionen an, deutete diese aber neu, wie man am Beispiel der Handarbeit ablesen kann. Schaut man sich den Alltag adeliger Frauen an, spielte die Beschäftigung der Hände eine große Rolle. Nicht alle Frauen fanden es befriedigend, hübsche Taschentücher oder farbenreiche Wandbehänge oder Altardecken zu sticken, obwohl einige von ihnen dies sicherlich und völlig zu Recht als Freiraum für Kreativität erlebt haben. Ein genauer Blick in die beheizten Kemenaten zeigt jedoch, dass nicht alle diese Einschätzung teilten. Von Catherine Parr, der letzten, ihn überlebenden Gemahlin Heinrichs VIII., wissen wir beispielsweise, dass sie die Stickstunden nutzte, um Prediger einzuladen, die sie und ihre Hofdamen in Sachen Reformation auf den neuesten Stand bringen sollten, um über geeignete Bibelübersetzungen zu diskutieren oder eigene Buchprojekte zu planen. Elisabeth war von einem ähnlichen Streben nach nützlicher Erfüllung der dem Hochadel verordneten Handarbeitsstunden geleitet. Sie wollte, dass sie und ihre Damen etwas Nutzbringendes taten. Seidene Taschentücher gab es schon genug in ihrer Welt. Deshalb sorgte sie dafür, dass ihre Damen etwas Brauchbares produzierten. Für Bedürftige nähte Elisabeth beispielsweise Totenhemden. Und sie ging noch weiter. Sie wusch die Verstorbenen selbst und bereitete sie für die Bestattung vor. Damit überschritt sie in den Augen ihres Hofes endgültig die unsichtbare Grenze zwischen Symbolpolitik und Rebellion. Es war nämlich etwas ganz anderes, wenn Elisabeth bei festlichen Mahlzeiten ihre persönliche Diät einhielt. Dass sie aber selber Hand anlegte, in die Kammern der Dienerinnen und Diener und noch schlimmer, in die Hütten der Armen ging, um sie für die Bestattung vorzubereiten, schlug dem Fass buchstäblich den Boden aus. Es war ähnlich befremdlich, wie wenn heute ein Priester einer trauernden Familie anbieten würde, den Verstorbenen, anstatt ihn an dafür bezahlte Profis vom Bestattungsunternehmen zu übergeben, selbst zu waschen und für die Beerdigung vorzubereiten. Dort aber, wo Priester dies tun, lösen sie einen tiefgreifenden Wandel im Umgang mit Sterben und Tod aus.

Elisabeth kümmerte sich selbstverständlich nicht nur um die Toten, sondern auch um die Lebenden. Wie keine Landgräfin vor ihr begab sie sich von der Höhe ihrer herrschaftlichen Burg in die Niederungen des Eisenacher Alltagslebens und lernte die Sorgen und Nöte der Menschen kennen. Traf sie eine Familie an, die unter der Last nicht mehr zu bewältigender Schulden litt, beglich sie diese aus ihrer Schatulle. Erfuhr sie davon, dass eine mittellose Frau ein Kind erwartete, bot sie an, das Patenamt für das Kind zu übernehmen und für dessen Aufwachsen und Ausbildung zu bezahlen. Sie besuchte Kranke und Wöchnerinnen und gab, wo immer es nötig war, Geld oder Sachwerte, wie beispielsweise kostbare Stoffe, damit die so Beschenkten diese verkaufen und von dem Geld eine Weile leben konnten. Grundsätzlich gehörte das, was Elisabeth tat, durchaus zu den Pflichten einer christlichen Herrscherin. Kritik erntete Elisabeth deshalb, weil ihre Spendenfreudigkeit das gewohnte Maß bei Weitem überstieg. Tatsächlich hätte ihre Freigebigkeit selbst das außerordentlich reiche Thüringer Landgrafengeschlecht auf Dauer ruinieren können. Sie traf aber vor allem deshalb auf Widerstand, weil die krassen Unterschiede zwischen Armen und Reichen, vor allem aber deren strukturelle Grundlagen für sie weder selbstverständlich noch gottgegeben, sondern vielmehr ein Aufruf waren, genau diese Missstände zu beheben.

Aus den zunächst spontanen Aktionen in ihrem persönlichen Umfeld wurde nach und nach eine organisierte Caritas. Der äußere Anlass hierzu ergab sich 1226, als Ludwig sich am kaiserlichen Hof in Cremona aufhielt. Bedingt durch eine – wie die Zeitgenossen sagten – „schwere Teuerung", waren Hungersnöte im ganzen Land ausgebrochen. Die Preise für Getreide, das Grundnahrungsmittel der Bevölkerung, explodierten. Was das für die Menschen bedeutete, können wir uns heute kaum mehr vorstellen. Wir haben uns dank einer ungewöhnlich langen Phase des Friedens und Wohlstandes in unserem Land angewöhnt, etwa so zu denken, wie die französische Königin Marie-Antoinette, die, als man ihr sagte, die Menschen in ihrem Land hätten kein Brot, bemerkt haben soll: „Dann sollen sie doch Kuchen essen."

Im Mittelalter waren die Früchte des Feldes, sprich Roggen, Weizen und Gerste, jedoch das wichtigste Grundnahrungsmittel, und bei armen Menschen war die Grütze aus geschrotetem Getreide oft das Einzige, was auf den Tisch kam. Zudem waren die Erträge aus der weit verbreiteten Dreifelderwirtschaft, bei der der Anbau von Sommergetreide, Wintergetreide und eine Zeit der Brache miteinander abwechselten und so jeweils ein Feld für den Anbau ausfiel, keineswegs mit den heutigen Ernten vergleichbar. Mit einem Korn erntete man drei neue, von denen eines als Saatgut eingelagert werden musste, wenn man im nächsten Jahr keinen Hunger leiden wollte. Nach Missernten Getreide zuzukaufen war eine Option, die nur den Reichen offenstand.

Nächstenliebe wörtlich genommen

Während andere Adelige das Hungern ihrer Untertanen für ein unabwendbares Schicksal hielten und ihnen noch das letzte bisschen Getreide nahmen, um selbst weiterhin an reich gedeckten Tischen sitzen zu können, wurde Elisabeth aktiv. Sie ließ zunächst Getreide aus der Kornkammer des Landgrafen an die Bevölkerung verteilen, und als das nicht reichte, griff sie auf die Besitzstände des Grafen zurück, um weiteres Getreide anzukaufen. Magister Konrad berichtet über ihr Engagement:

„Denn, wie sie ihr Leben lang eine Trösterin der Armen war, so fing sie jetzt an, schlechthin eine Ernährerin der Hungernden zu sein, indem sie nahe ihrer Burg ein Hospital erbauen ließ, in welches sie sehr viele Kranke und Schwache aufnahm; auch allen, die dort Almosen erbaten, gewährte sie reichlich die Spende der Barmherzigkeit, und nicht nur dort, im ganzen Herrschaftsbereich ihres Gatten brauchte sie alle ihre Einkünfte aus seinen vier Fürstentümern in dem Maße auf, dass sie schließlich auch allen Schmuck und alle Gewänder zum Besten der Armen verkaufen ließ."

Ihre Umgebung wurde angesichts ihres Desinteresses an materiellem Besitz mehr und mehr nervös. Heinrich und viele andere Adelige auf der Wartburg und im weitgespannten Netzwerk des Adels erwarteten eine Zurechtweisung Ludwigs für die grenzenlose Mildtätigkeit seiner Frau. Aber sie wurden enttäuscht. Er billigte ihr Verhalten, denn er sah sich als Landesvater selbst als verantwortlich für das Wohl seiner Untertanen und daher zur Hilfe verpflichtet. Tatsächlich setzte seine Frau mit ihrer Ausbildung einer karitativen Organisationsstruktur rund um die Wartburg Maßstäbe. Mit dem Bau des Hospitals verschaffte Elisabeth ihren Aktivitäten einen hilfreichen Rahmen. Bisher war sie selbst in die Häuser der Bedürftigen gegangen, um von Fall zu Fall die schlimmste Not lindern zu helfen. Aber natürlich konnte diese Art des Feuerlöschens mit der Gießkanne die Not auch dann nicht beheben, wenn sie ihre Dienerinnen in ihre Arbeit einbezog und die eine oder andere Hofdame von der Notwendigkeit zu helfen überzeugte. Deshalb schuf sie nun eine Anlaufstelle für alle, die durch die Maschen des gesellschaftlichen Netzwerkes gefallen waren. Elisabeths Hospital war schon dem neuen Hospitaltypus verpflichtet. Das heißt, es bot nicht nur durchreisenden Pilgern einen Platz und das Angebot zur Pflege bei Krankheit, wie es typisch für die Hospize war, die zur Grundausstattung der Klöster und Kathedralen gehörten oder im Zuge der Pilgerbewegung nach Santiago am Pilgerweg entlang entstanden waren. Elisabeth kümmerte sich nicht nur um Reisende, denen sie auch längerfristig ein Zuhause bot, wenn sie erkrankt waren. Sie nahm auch entkräftete Arme auf, für die niemand sonst mehr sorgte. Insofern war ihr Hospiz in Eisenach nach heutigen Maßstäben eine Mischung aus Herberge, Tafel, Krankenhaus, Altenheim und Hospiz. Darüber hinaus bot es auch Raum für viele Kranke, bei denen man Aussatz diagnostizierte. Wir wissen heute, dass im Mittelalter eine ganze Reihe von Hautkrankheiten wie etwa Neurodermitis mit der Bezeichnung „Aussatz" versehen wurden. Da man die Ansteckung fürchtete, sich aber zugleich der Fürsorgepflicht für diese bedauernswerten Mitglieder der Gesellschaft bewusst war, richtete man in der Krankenpflegestation einen gesonderten Raum für sie ein, sofern man sie nicht komplett separierte. Wie beim Bau von Hospitälern üblich, hatte auch das von Elisabeth in Auftrag gegebene Haus einen großen Saal für die Kranken, der zugleich eine Kapelle mit einem Altar war, an dem regelmäßig Eucharistie gefeiert wurde. Weitläufige Krankensäle mit großen Betten, in denen jeweils mehrere Personen lagen, waren im Mittelalter normal und wurden, da man die großen Räume nie genug heizen konnte, als gute Möglichkeit, sich gegenseitig zu wärmen, angesehen. Die Verbindung von Kapelle und Krankensaal zeigt das Bewusstsein der Menschen des Mittelalters für die enge Verbindung von Körper, Geist und Seele und die heilende Kraft, die vom Empfang der Sakramente ausgeht. Dass nicht nur der Körper, sondern auch die Seele der Heilung bedarf, war eine Selbstverständlichkeit, die man gerne berücksichtigte, weshalb das Gebet für die Kranken, auch der Kranken füreinander, eine wichtige Rolle spielte. Mehr noch maß man angesichts vieler Krankheiten, für die es keine Heilmittel gab, dem Gebet und der Seelsorge sogar einen höheren Stellenwert zu als der medizinischen Versorgung selbst. Elisabeth nahm sich neben der Pflege viel Zeit für Gespräche mit den Kranken, die sie immer wieder aufforderte, das Bußsakrament zu empfangen und regelmäßig zu beten. Die Fürstin arbeitete aber auch selbst in der Krankenpflege mit und beeindruckte – wohl wider Willen – ihre Angehörigen bei Hofe. Denn sie wussten sehr wohl, dass Elisabeth Wert auf Hygiene legte, stets auf gut gelüftete Räume achtete und empfindlich auf üble Gerüche reagierte. Im Hospiz aber ertrug sie, „obwohl ihr sonst verdorbene Luft überall zuwider war, in diesem Sommer ohne jeden Ekel die schlechteste Krankenluft, die ihre Mägde nur schwer und mit Murren aushielten". Der Widerwille der Mägde hängt nicht allein mit der Tatsache zusammen, dass sie bei ihrem Dienst in der Burgkemenate eine angenehmere Raumluft hatten. Sie fürchteten schlicht die Ansteckung. Im Mittelalter war man fest davon überzeugt, dass schlechte Luft das sicherste Mittel war, sich eine Krankheit zuzuziehen. In einer von ihnen, der Malaria, die vom italienischen *male aria* für schlechte Luft abstammt, hat sich diese Überzeugung sogar im Namen ausgeprägt. Die Landgräfin duldete allerdings keinen Widerspruch, wenn sie ihre Dienerinnen zur Krankenpflege einteilte. Was sie sich selbst abverlangte, forderte sie auch von anderen. Obwohl Elisabeth schnell bereit war, überall dort zuzupacken, wo Not am Mann war, legte sie zugleich Wert auf die Selbstständigkeit der ihr anvertrauten Menschen. Sie beließ es nicht bei Spenden oder einer Form der Nothilfe, die die Leidenden abhängig macht. Ganz im Gegenteil. Als sich im Folgejahr die Erntesituation wieder besserte, sorgte sie dafür, dass die arbeitsfähigen Armen mit Werkzeug ausgestattet wurden, um sich ihr Brot selbst zu verdienen.

Freigeben, den man liebt

Im Sommer 1227 brach Ludwig im Gefolge Friedrichs II. zum Kreuzzug ins Heilige Land auf. Das Gelübde hierzu hatte er bereits 1224 abgelegt. Weder Friedrich II. noch Ludwig scheinen an einer schnellen Abreise besonders interessiert gewesen zu sein. Doch Papst Gregor IX. drängte immer deutlicher auf die Einlösung ihres Versprechens. Ihm ging es dabei allerdings weniger um die Befreiung des Heiligen Landes als vielmehr darum, den aus seiner Sicht lästigen Stauferkaiser, zwischen dessen Herrschaftsgebieten in Reichsitalien und Sizilien sich der Pontifex Maximus unangenehm eingezwängt fühlte, zumindest für eine Weile, wenn Gott es wollte, aber auch endgültig, los zu sein. Schließlich war auch der Großvater Friedrichs II., Friedrich I. Barbarossa, bei einem Kreuzzug ums Leben gekommen. Aber auch eine längere Abwesenheit Friedrichs II. hätte Papst Gregor bereits eine Atempause verschafft, weshalb er alle Hebel in Bewegung gesetzt hatte, um die Abreise des Kaisers zu beschleunigen. Sogar exkommuniziert hatte er ihn, was den geistig wie geistlich unabhängigen Friedrich allerdings nicht sonderlich beeindruckt hatte. Und auch seinen Anhängern wie dem thüringischen Grafenhaus und seinem Regenten Landgraf Ludwig war klar, dass es bei den Animositäten zwischen dem Staufer und dem Oberhirten der Kirche nicht um Fragen des ewigen Seelenheils, sondern um Machtbereiche und Einflusssphären ging. Andernfalls hätten sie Friedrich, der bereits 1216, also elf Jahre vor seinem Aufbruch, das Kreuz genommen hatte, eindringlich darauf aufmerksam gemacht, dass es nun wirklich Zeit wurde, sein Gelübde einzulösen.

Auch Ludwig hatte bei dieser gefahrvollen Unternehmung in erster Linie seine eigenen Interessen im Blick. In dieser Situation zeigt sich, dass Elisabeths Ehemann nicht nur ein frommer Herrscher, sondern auch ein taktisch denkender Machtpolitiker war. Denn er ließ sich seine Teilnahme am Kreuzzug gut bezahlen. Dafür hatte er mit Friedrich II. jene Erweiterung seiner Besitzungen nach Osten hin ausgehandelt, wo die wettinische Grafschaft Meißen sich in den Händen seiner Halbschwester Jutta befand, die für ihren unmündigen Sohn Heinrich die Herrschaft ausübte, zu dessen Erbe Ludwig sich von Friedrich II. erklären ließ. Dies hätte die Lebenserwartung seines Neffen, wäre Ludwig nicht selbst gestorben, womöglich negativ beeinflussen können. Wie in solchen Fällen üblich, regelte Ludwig seine Regierungsangelegenheiten und verabschiedete sich in aller Form von seinen Freunden und seiner Familie. Dietrich von Apolda berichtet über den ritualisierten Ablauf dieses Prozesses: „*Dann regelte er die Verwaltung seines Landes, ordnete seine Regierungsgeschäfte und suchte die Klöster der Mönche und Nonnen auf, um ihren Segen zu empfangen. Danach ging er nach Schmalkalden, wohin er seine vertrauten Freunde zusammengerufen hatte. Er wollte nicht ohne Abschiedsgruß gehen.*" Die Reihenfolge der Tätigkeiten ist interessant. Dass Ludwig zunächst die praktischen Regierungsangelegenheiten klärt, bestimmt, wer in seiner Abwesenheit wofür die Verantwortung trägt und sich um die Dinge des Alltags kümmert, scheint uns selbstverständlich. Bemerkenswert und für unsere Gegenwart eher fremd, im Mittelalter aber ein selbstverständlicher und sehr wichtiger Bestandteil, war sein Besuch bei den Mönchen und Nonnen, die in seinem Herrschaftsbereich lebten. Er spiegelt deutlich die Dreiteilung der mittelalterlichen Gesellschaft in diejenigen, die kämpfen, also die Ritter und Fürsten wie Ludwig, diejenigen, die arbeiten, also die Bauern und Handwerker, und diejenigen, die beten, wider. Die Aufgabe der Mönche und Nonnen war genau dies, mit ihren Gebeten ein Netzwerk zu knüpfen, das Ludwig unterstützte und hielt, wenn er sich auf seinen gefährlichen Weg begab. Er schätzte wert, was die Betenden für ihn leisteten, und hielt es für angemessen, sie persönlich aufzusuchen und um diesen Dienst zu bitten. Das Treffen mit seinen Freunden in Schmalkalden hatte neben dem Akt des Abschiednehmens eine weitere, wesentliche Funktion. Landesfürsten waren auch im Mittelalter Menschen, die mehr als genug Feinde hatten. Selbst dann, wenn sie so mildtätig und menschenfreundlich waren wie Ludwig. Umso mehr bedurften sie neben des geistlichen auch eines weltlichen Netzwerkes. Sie brauchten Menschen, die dafür sorgten, dass hier und da Fäden gezogen wurden, um die Dinge in ihrem Sinne zu lenken. In Ludwigs Fall ging es dabei um die Menschen, die ihm am wichtigsten waren. Als er seinen Aufbruch nach Jerusalem vorbereitete, war ihm klar, dass er Elisabeth und seine Kinder seinem Bruder Heinrich Raspe anvertrauen musste. Dass Elisabeth in seiner Abwesenheit nicht die Regierungsgeschäfte übernahm, zeigt, wie tiefgreifend der Riss, der durch die Familie ging, inzwischen war. Andere Fürsten konnten sich, wie beispielsweise die Merowingerkönige auf die entscheidungsfreudige Brunichild, die in der Brunhild des Nibelungenliedes verewigt wurde, auf ihre jeweiligen Frauen verlassen. Die Ottonenkaiser konnten blind darauf vertrauen, dass kompetente Frauen wie Adelheid und Theophanou in ihrer Abwesenheit das Reich zusammenhielten. Beide, zuvor in vielen Dingen verschiedener Meinung und sogar verfeindet, verbündeten sich, pragmatisch, wie Frauen sind, gegen ihre zahlreichen Gegner und sicherten die Herrschaft für Enkel und Sohn. Auch die kinderlose Kaiserin Kunigunde hatte als *consors regni et imperatrix*, als Gefährtin des Königs und Herrscherin im Namen ihres Mannes Heinrichs II., Dokumente unterzeichnet, Verträge abgeschlossen und in jeder Weise gehandelt, wie man es von einer guten Herrscherin erwarten kann. Herrschen in Stellvertretung für einen Ehemann oder ein unmündiges Kind, das noch in die Regentenrolle hineinwachsen musste, war im mittelalterlichen Abendland eine der wenigen Möglichkeiten für Frauen, selbstständig Macht auszuüben. Elisabeth traute inzwischen niemand mehr eine solche Leitungsaufgabe zu. Nicht einmal ihr eigener Mann. Denn auch dem sie von Herzen liebenden Ludwig musste klar sein, dass Elisabeth im Falle einer mehrjährigen Abwesenheit bei seiner Rückkehr die gesamten landgräflichen Besitztümer an die Armen verteilt haben würde. Sein Bruder Heinrich hingegen war nicht nur mehr als willig, die Herrschaft zu übernehmen, er war auch kompetent und leitungsstark. Die Aufsicht über die geistlichen Patronate übertrug Ludwig hingegen Elisabeths Spiritual Konrad von Marburg. Auf diese Weise versuchte er, obwohl er Elisabeth selbst die Regierungsgeschäfte nicht anvertrauen konnte, ihre Rolle als repräsentierende Landgräfin zu wahren und Heinrich Raspe die unumschränkte Macht vorzuenthalten, die er, wie Ludwig zu Recht vermutete, ausnutzen würde, um Elisabeth an den Rand zu drängen. Ein schwieriger Balanceakt, der, wie wir noch sehen werden, letztlich nicht gelingen wird.

Zwar wird Elisabeth nicht besonders betrübt darüber gewesen sein, dass sie in der Herrschaftsfolge übergangen wurde. Sie hatte ohnedies andere Interessen. Der einzige Nachteil in dieser Konstellation war, dass Heinrich Elisabeth als lästige Verrückte und seinen Bruder als zu schwach ansah, seine Ehefrau in die von der Gesellschaft vorgesehenen Schranken zu weisen. Vermutlich hat Ludwig versucht, seine Freunde dafür zu gewinnen, Elisabeth zu unterstützen, wenn die Situation auf der Wartburg in seiner Abwesenheit eskalieren würde. Dass der Landgraf, als er nach langen Vorbereitungen endlich aufbrach, ein gutes Gefühl hatte, ist unwahrscheinlich. Auch die *Vita* gibt die ambivalente Stimmung wieder:

„*Wehen Herzens sagte er ihnen Lebewohl, vertraute Weib und Kinder seinen Brüdern an und küsste in kindlicher Liebe seine Mutter; vor lauter Schmerz brachte er kein Wort heraus. Dann bestieg der Fürst sein Pferd. Und mit ihm sagten viele Barone, Adelige, Ritter, Schildknappen und unzählige Christgläubige ihrem Land und dem zurückbleibenden Volk Lebewohl und zogen gegen Ende Juni im Namen des Herrn in die Ferne, mit Herz und Mund Gott Loblieder singend. Da gab es tiefe Trauer, ungeheures Jammerns und Klagen, Wehrufe, viele Tränen mit lautem Angstgeschrei. Trotzdem war das Herz fromm ergeben und lieblich die Stimme derer, die Gott priesen. Oh, wie waren da herzerweichende Trauer und frommer Beifall gemischt.*"

Die starken Emotionen spiegeln Folgendes wider: Den Zurückbleibenden war sehr wohl bewusst, dass dies ein Abschied für immer sein konnte. Und selbst wenn die in den für heilig gehaltenen Krieg Ziehenden lebendig oder sogar völlig unversehrt zurückkehrten, wären sie für viele Monate oder sogar Jahre unterwegs. Es ist also kein Wunder, dass den beiden einander so sehr liebenden Eheleuten die Trennung mehr als schwer fiel.

Der Abschied zwischen Ludwig und Elisabeth muss herzzerreißend gewesen sein. Sie begleitete ihn, auch an dieser Stelle die Grenzen des Üblichen überschreitend, nicht nur bis zur thüringischen Landesgrenze, sondern noch zwei Tagesreisen darüber hinaus. Die blumige Lebensbeschreibung des Dietrich von Apolda vom Ende des 13. Jahrhunderts schildert die Szene so:

„Nicht von Weitem, sondern ganz nahe folgte die allertreueste Frau mit kummervollem Gemüt dem allermildesten Fürsten und heißgeliebten Mann über die Grenzen Thüringens hinaus auf seinem Ritt in die Ferne. Sie sollte ihn nicht wieder sehen. Als es Zeit zur Umkehr war, hielten ihre große Liebe und der Abschiedsschmerz sie zurück und drängten sie, noch eine schwere Tagesreise weiter zu folgen. Aber auch diese Zugabe genügte ihr nicht: Zur Trennung unfähig, fügte sie nochmals eine volle Tagesreise hinzu. Gewiss verstärkten die Bande der Liebe und die Gewalt des Schmerzes die Absicht zum Weiterreiten. Dennoch beendete die Liebe zum Schöpfer, die stark ist wie der Tod, das weitere liebevolle Verweilen, und endlich, auf Anraten des Mundschenks Rudolf, schieden sie voneinander. Die Landgräfin kehrte zurück, weinend wie eine Witwe und Tränen auf den Wangen. Sie zog ihre Freudengewänder aus und legte das Kleid der Witwenschaft an."

Für sie war ein wundervoller, beglückender und erfüllender Lebensabschnitt zu Ende gegangen, und sie wusste es. Denn Heinrich Raspe war Elisabeth keinesfalls so wohl gesinnt wie ihr Ehemann Ludwig. Für ihre Frömmigkeitsübungen hatte er ebenso wenig Verständnis wie für ihr karitatives Engagement und ihre Freigebigkeit. Aus seiner Sicht hatte sie in erster Linie ihre repräsentativen Pflichten als Landgräfin wahrzunehmen. Aber Elisabeth, die sich Ludwig gegenüber stets konziliant gezeigt hatte, wenn es um notwendige repräsentative Verpflichtungen ging, die kostbare Gewänder getragen und hochstehende Gäste nach allen höfischen Regeln willkommen geheißen hatte, schien sich nun noch weniger als zuvor für diesen Teil ihres Lebens zu interessieren. Ludwig hatte seine Frau vollkommen zu Recht so eingeschätzt, dass sie die Landgrafschaft in seiner Abwesenheit nicht verwaltet, sondern vielmehr in ein Musterbeispiel eines christlichen Reiches, zugleich aber leider auch in ein Armenhaus verwandelt hätte. Heinrich Raspe sah sich in dieser Situation sogar im doppelten Sinne bestätigt. Dass Ludwig ihn zum Regenten über die weltlichen Angelegenheiten gemacht hatte, empfand er als Zugeständnis. Er, Heinrich, hatte auch in den Augen seines Bruders im Grunde immer schon Recht gehabt, was Elisabeth anging, und Ludwig hatte sich hier eben nur allzu weich und nachgiebig gezeigt – ein Fehler, den Heinrich keineswegs zu wiederholen gedachte. Er verwahrte sich deshalb streng dagegen, dass Elisabeth weiterhin irgendetwas von dem, was er bereits als sein Eigentum ansah, verschenkte, und forderte, dass sie sich von nun an in jeder Hinsicht so verhalte, wie es einer Fürstin entsprach.

Tod und neues Leben

Nun war Elisabeth aber, wie sich bereits im Verlauf ihrer Erziehung gezeigt hatte, von bemerkenswerter Willensstärke und Kompromisslosigkeit. Der Konflikt war also programmiert. Doch bevor die Auseinandersetzung zwischen der Landgräfin und dem Statthalter sein volles Ausmaß erreichen konnte, geschah das, was Elisabeth am meisten gefürchtet hatte: Ludwig starb. Die Kreuzfahrer hatten sich von Brindisi aus gerade in Richtung Heiliges Land eingeschifft, als eine Seuche ausbrach, bei der es sich vermutlich um eine Virusgrippe gehandelt hat. Das Heer kehrte um, weil unter anderen auch der Kaiser erkrankt war. Er erholte sich jedoch – im Gegensatz zu seinem Gefolgsmann Ludwig, der am 11. September 1227 in Otranto starb. Die Boten, die die schreckliche Nachricht überbringen mussten, wandten sich zunächst an die im Katharinenkloster in Eisenach als Nonne lebende ehemalige Landgräfin Sophie, die dann ihre Schwiegertochter informierte. Die Vita schildert, dass Elisabeth völlig zusammenbrach, und berichtet über ihre Verzweiflung:

„Gestorben? Dann ist mir die Welt gestorben und alles, was mir die Welt bieten kann.' Sofort stand sie auf und eilte weinend in stürmischem Lauf durch den Saal. Außer sich, wie von Sinnen, wäre sie weiter gelaufen, wenn die Wand ihr nicht Halt geboten hätte. Die Anwesenden traten hinzu und zogen sie von der Wand weg, an der sie gelehnt stand. Aller Augen strömten über vor Tränen aus Trauer über den Tod eines so liebenswerten Mannes und aus Mitleid mit der so beklagenswerten Witwe."

In den nächsten Wochen zeigte sich, in welchem Ausmaß ihr Ehemann ihr nicht nur Liebe gezeigt, sondern auch Schutz geboten hatte. Denn nun, wo Heinrich Raspe an seiner Stelle für den unmündigen Sohn Ludwigs, Hermann, regierte, setzte er eigene Maßstäbe. Schließlich musste er nun nicht mehr fürchten, sie bei einem strikten Verhalten im Hinblick auf das, was er als Elisabeths unerträgliche Eigenmächtigkeit empfand, gegenüber Ludwig bei dessen Rückkehr rechtfertigen zu müssen. Insofern er nun mehr oder weniger ungehindert regierte – denn wer konnte schon wissen, ob Hermann das Erwachsenenalter erreichen würde –, verhielt er sich exakt so, wie er es immer von Ludwig gefordert hatte. Mehr noch: Wo er zuvor deutlich, aber doch in höflicher Form, Kritik an der Landgräfin geäußert hatte, zeigte er ihr nun offen seine Ablehnung. In der nicht ganz unrichtigen Annahme, dass Elisabeth die Mitgift ihrer Eltern und die Morgengabe ihres Ehemannes bereits in ihre karitativen Tätigkeiten investiert hatte, entzog er ihr den Zugriff auf sämtliche Besitzungen und erlaubte ihr lediglich, weiterhin an der landgräflichen Tafel teilzunehmen. Damit wurde Elisabeth in aller Form ihr Status aberkannt und die Fürstin in die Rolle einer unliebsamen Verwandten gedrängt, die man aus Gnade und Barmherzigkeit an der höfischen Tafel mit durchfütterte. Diese „Gnade" kollidierte jedoch mit dem Speisegebot ihres geistlichen Begleiters Konrad von Marburg, das ihr den Genuss unrechtmäßig erworbener Güter verbot. Heinrich Raspes Verhalten war durch das im 13. Jahrhundert geltende Recht in keiner Weise geschützt. Die Morgengabe einer verheirateten Frau durfte ihr nicht entzogen werden. Sie war eine unveräußerliche Form finanzieller Sicherheit, die gerade dann gebraucht wurde, wenn der Ehemann starb und die Witwe es, nun ganz allein dastehend, mit einer feindseligen Verwandtschaft zu tun bekam. Dieser Schutz war umso wichtiger, als es nicht immer möglich war, in die Herkunftsfamilie zurückzukehren, und viele Frauen dies, weil sie von ihren Eltern mit unliebsamen Ehemännern verheiratet worden waren und eine Wiederholung dieser Erfahrung fürchteten, auch gar nicht wollten. Als Witwen genossen sie hingegen relative Freiheit, und Elisabeth hatte ja für diesen Fall, um etwaige Avancen, ihr einen neuen Ehemann zu suchen, von vornherein zu unterbinden, das Gelübde der Ehelosigkeit nach Ludwigs Tod abgelegt. Aus Heinrich Raspes Sicht war sie dadurch vollkommen nutzlos geworden. Er konnte seine Schwägerin nicht einfach auf die Straße setzen. Er konnte aber, angesichts der enormen Summen und Sachwerte, die Elisabeth bereits unter die Armen verteilt hatte, aus seiner Sicht in gutem Glauben feststellen, dass diese Mittel nicht aus der Schatulle der Landgrafschaft entnommen worden waren, sondern dass Elisabeth ihre eigenen Ressourcen verschwendet hatte. Für Heinrich war dies in mehrfacher Hinsicht ein Ärgernis. Denn die Mitgift, die Elisabeth als ungarische Königstochter in Form von Geld, Landbesitz und kostbaren Stoffen für das Schneidern angemessener höfischer Gewänder erhalten hatte, waren Mittel, die dem thüringischen Landgrafen in spe nun fehlten. Er konnte aus den verkauften Ländereien keine Abgaben mehr einziehen, die Stoffe waren ebenfalls längst veräußert und das Geld war ohnedies als Erstes weg gewesen. Dasselbe galt, wie Heinrich lautstark beklagte, für die Mitgift, die Ludwig seiner Frau hatte zukommen lassen. Nun könnte man meinen, dass Heinrichs Verhalten Proteste hervorgerufen und sich Stimmen zu Elisabeths Verteidigung erhoben hätten. Aber das war nicht der

Fall. Ganz im Gegenteil. Jacobus von Voragine erzählt in seiner Vita Elisabeths in der *Legenda aurea*, was stattdessen geschah: *„Da aber der Tod ihres Gemahls im ganzen thüringischen Land bekannt wurde, da wurde sie von etlichen Vasallen ihres Gemahls beschuldigt, dass sie ihr Gut verstreut und verschwendet hätte."* Wir erinnern uns an dieser Stelle, dass Ludwig sich vor seiner Abreise in Schmalkalden mit seinen Freunden getroffen hatte. Wenn er dort, wie angesichts des engen Verhältnisses und der tiefen Zuneigung zwischen Elisabeth und ihrem Mann anzunehmen ist, um deren Unterstützung seiner Frau im Falle seines Tode gebeten hatte, gewährten sie diese nicht. Aus Sicht der Vasallen war dies eine vernünftige Entscheidung. Denn ihr neuer Herr, Heinrich Raspe, hatte sich in Bezug auf Elisabeth klar positioniert, und sie hatten als seine Untergebenen absolut nichts zu gewinnen, wenn sie sich für eine extrem unabhängige, aus ihrer Sicht sogar unberechenbare Frau einsetzten, die ihnen im Zweifelsfall ihr Lehen streitig machen würde, um es den Armen zu geben.

Heinrich Raspe konnte mit dem Rückhalt seiner Vasallen, deren Motivation der geschickte Regent mit Sicherheit durch die eine oder andere Zuwendung gesteigert hatte, also überaus zufrieden sein. Sein Lager stand fest zu ihm, und dies bedeutete in der Folge: Es stand gegen Konrad von Marburg, dem Ludwig in seiner Abwesenheit die Leitung der Klöster des Thüringer Landes anvertraut hatte. Dass Heinrich diese Aufgabe für beendet hielt, leuchtet ein. Denn Konrad war nicht nur im Hinblick auf Elisabeth, die ihm blind vertraute, sehr einflussreich und konnte so über die Landgräfin auch den Erben des Landgrafentitels, Ludwigs Sohn Hermann, in seinem Sinne lenken. Er war inzwischen ein gefürchteter Inquisitor, der schon viele

Menschen auf den Scheiterhaufen gebracht hatte. Einem solchen Menschen Einfluss innerhalb seines Machtbereichs zu gewähren wäre wenig vernünftig gewesen. Dass Heinrich Elisabeths Güter einzog und sie lediglich noch als Kostgängerin an einer Tafel akzeptierte, an der sie nach dem Gebot ihres Beichtvaters kaum noch etwas essen durfte, führte schnell zu dem von ihm erwünschten Ergebnis.

Elisabeth entschied sich, gemeinsam mit ihren Kindern und ihren vertrautesten Dienerinnen die Wartburg zu verlassen. Die *Legenda aurea* schildert das, was nun folgte, mit drastischen Worten:

„Sie wurde mit Schimpf und Schande aus ihrem Land vertrieben, damit ihre große Geduld offenbar und auch ihre Sehnsucht nach der Armut erfüllt würde, die sie lange bei sich getragen hatte. So kam sie eines Nachts in das Haus eines Wirtes und übernachtete bei den Schweinen[...]. Am anderen Tag ließ man sie mit ihren Kindern in das Haus eines ihrer Neider gehen. Da stieß man sie in ein enges Gemach, und Wirt und Wirtin waren sehr hart zu ihr. Da redete sie mit den Wänden und sagte ihnen Lebewohl und sprach: ‚Ich möchte die Menschen grüßen, doch ich fand keine, die barmherzig gewesen wären.‘ So zwang man sie, dass sie wieder wegging. Sie musste ihre Kinder weggeben, dass man sie an verschiedenen Orten aufziehe.“

Der schwierige Weg in die Freiheit

Diese Schilderung klingt erschreckend, und wir wissen nicht, wie die Wahrheit genau aussah. Dass Elisabeth sich auf der Wartburg unbeliebt gemacht hatte, ist eindeutig. Ihre Verwandten hatte sie durch die extreme Freigebigkeit im Umgang mit deren Besitz ebenso verärgert wie durch ihr oft unkonventionelles Verhalten. Schließlich waren es Menschen wie Ludwigs Geschwister Heinrich und Agnes gewesen, die sich die Beschwerden der adeligen Gäste hatten anhören müssen, die in ihren besten Kleidern zur Taufe der Fürstenkinder angereist waren, nur um sich bei diese Gelegenheit von einer barfuß und im einfachen Wollkleid dastehenden Elisabeth darüber belehren zu lassen, dass sie nicht passend gekleidet seien. Und auch die Dienerschaft gehörte nicht uneingeschränkt zu den Fans der Landgräfin. Zwar können wir sicher sein, dass einige von ihnen beeindruckt darüber waren, dass eine Adelige dieses Ranges, eine Königstochter, sich persönlich um die Armen kümmerte, sie wusch, fütterte und die Toten begrub. Auf der anderen Seite standen jedoch diejenigen, die als Dienerinnen und Diener der landgräflichen Familie gesellschaftlich aufgestiegen waren und deshalb nicht die geringste Lust verspürten, vom prachtvollen Glanz des Hofes wieder in jene nicht gerade wohlriechenden Niederungen der Gesellschaft hinabzusteigen, denen sie eben entronnen waren. Sie waren deshalb ebenso froh darüber, dass Elisabeth die Wartburg verließ, wie deren Verwandte.

Elisabeth selbst begriff diesen Schritt durchaus als Befreiung, da er sie von den ihr so lästigen gesellschaftlichen Verpflichtungen entband. Endlich konnte sie das tun, was sie schon immer hatte tun wollen: arm werden. Ihr Weg führte sie von der Wartburg hinab direkt ins Franziskanerkloster, wo sie die Mitternachtsmette besuchte und die Brüder das lateinische *Te Deum* anstimmen ließ. Doch obwohl manche Forscher meinen, dass die *Vita* und die *Legenda aurea* die rauen Lebensbedingungen, denen Elisabeth sich nun gegenübersah, vor allem schilderten, weil sie dem Ideal eines heiligen Lebens entsprechen, bei dem man auch Unbill und Verachtung zu ertragen hat, wird der Unterschied zwischen dem Leben auf der Burg und dem in Eisenach beträchtlich gewesen sein. Glaubt man den Schilderungen ihrer Dienerinnen, so verbrachte Elisabeth den folgenden Winter unter schwierigen Bedingungen. Offensichtlich waren die Eisenacher eifrig bemüht, es ihrem neuen Herrn recht zu machen. Eine Gräfin zu unterstützen, die unter allen Umständen als Arme leben wollte, lag nicht in ihrem Interesse. Verständlicherweise, denn sie wussten ja, dass diese Armut gewissermaßen selbstverschuldet war. Dennoch ist es unwahrscheinlich, dass die ehemalige Fürstin allzu offensichtlich brüskiert wurde. Denn dies wiederum hätte dem Ansehen der Landgrafenfamilie geschadet und diese, auch wenn sie Elisabeth nicht mochten und ihren Weg nicht billigten, zum Eingreifen genötigt. Wir haben es hier mit jenem diffizilen Gleichgewicht zwischen persönlichem Freiraum und gesellschaftlicher Bindung zu tun, das im Mittelalter eine so große Rolle spielte. Elisabeth hat sich als Witwe, wie viele Witwen vor ihr, genau für das Leben entschieden, das sie schon immer hatte führen wollen. Dennoch behielt sie gewisse Gepflogenheiten ihres Standes bei. So ließ sie ihre Kinder standesgemäß erziehen. Nach dem gemeinsam in Eisenach verbrachten Winter schickte sie ihren Sohn Hermann wieder auf die Wartburg, wo er für seine Aufgabe als künftiger Landgraf ausgebildet wurde. Da er erst fünf Jahre alt war, stand er bis 1239 unter der Vormundschaft Heinrich Raspes, der seinen Neffen nachhaltig in seinem Sinne prägte. Mit 18 heiratete Hermann Helene von Braunschweig-Lüneburg, die Tochter Ottos I. Ihre nach zwei Jahren durch den Tod Hermanns beendete Ehe blieb kinderlos. Da Hermann mit nur 19 Jahren starb und die Chronisten von keiner Krankheit oder einer tödlichen Verletzung berichten, kursieren Gerüchte, dass Elisabeths und Ludwigs Sohn vergiftet worden sei. Sie tauchen in den Geschichtsbüchern allerdings erst relativ spät auf und finden in zeitgenössischen Quellen keinen Niederschlag, weshalb die Historiker heute wieder von dieser Sichtweise abgerückt sind. Die These von der Vergiftung von Ludwigs Sohn würde ohnedies nur Sinn ergeben, wenn es Hermann gelungen wäre, sich gegen Heinrich Raspe durchzusetzen. Doch der geschickte thüringische Netzwerker hatte, nachdem er einmal in Ludwigs Fußstapfen getreten war, die Fäden nie wieder aus der Hand gegeben. In der Geschichte des heiligen Königs Ludwig IX. von Frankreich hat Elisabeths Sohn gewissermaßen noch ein Nachleben, denn in ihr wird erzählt, er habe sich am 24. Juli des Jahres 1241, also mehrere Monate nach seinem Tod, am französischen Hof aufgehalten. Vermutlich hat der Autor, Jan de Joinville, jedoch lediglich das Datum verwechselt. Denn ein Jahr zuvor könnte Hermann tatsächlich in Frankreich gewesen sein, da zu diesem Zeitpunkt die Ehe seiner jüngeren Schwester mit dem Herzog von Brabant, einem Verwandten der französischen Könige, schon ausgehandelt war.

Elisabeths Töchter Sophie und die nach Ludwigs Tod geborene Gertrud wuchsen in Klöstern auf. Sophie erkämpfte sich nach der Heirat mit Heinrich von Brabant die westlichen Besitzungen in Hessen, einen Teil jener wettinischen Ländereien, deren Besitz sich ihr Vater Ludwig sich für die Teilnahme am Kreuzzug hatte zusichern lassen. Sie gilt als eine der bedeutenden Frauengestalten des Mittelalters. Ihr gelang, was weder ihre Mutter Elisabeth noch ihre Großmutter Gertrud vermocht hatten, nämlich sich die Unterstützung der Adeligen in ihrer neuen Heimat Hessen zu sichern. Sophie unterstützte den Deutschen Orden, der das Erbe ihrer heiliggesprochenen Mutter pflegte, und knüpfte enge Netzwerke zwischen ihrer hessischen Herrschaft, die nach dem Tod ihres Mannes an ihren Sohn Heinrich überging, und ihrem Herkunftsland Thüringen. Und sie gewann durch die Ehe ihrer Tochter Elisabeth mit Albrecht von Braunschweig, der einen Teil der Landgrafschaft Thüringen besetzt hielt, geschickt neue Verbündete. Ihr Sohn Heinrich wurde als Landgraf von Hessen schließlich sogar in den Reichsfürstenstand erhoben.

Gertrud wurde im Prämonstratenserinnenkloster Altenberg bei Wetzlar erzogen, zu dessen Äbtissin sie später aufstieg. Die Erziehung junger adeliger Frauen im Kloster verfolgte im Mittelalter ein doppeltes Ziel: Zum einen waren die Klöster profilierte Bildungszentren, zum anderen waren sie auch Brennpunkte politischer Kommunikation. Nicht selten übten Äbte und Äbtissinnen, mitunter sogar als Reichsfürsten und -fürstinnen, erheblichen politischen Einfluss aus, und ihre Klöster dienten oft als Orte der Kommunikation, an denen neue politische Konzepte erdacht oder Friedensschlüsse ausgehandelt wurden. Eine Erziehung im Kloster mündete nicht zwangsläufig in ein monastisches Leben, viele junge Frauen wurden, in Lesen, Schreiben, Fremdsprachen und durch umfangreiche Lektüre gut ausgebildet, als Heiratskandidatinnen Teil des politischen Netzwerkes. Die in der Ausbildungszeit im Kloster, die selbstredend auch das unvermeidliche Besticken wertvoller Stoffe umfasste, geknüpften Kontakte hielten natürlich auch über die gemeinsame Zeit hinaus. So profitierte das Wetzlarer Prämonstratenserinnenkloster nicht nur in finanzieller Hinsicht von seiner Äbtissin Gertrud, die ihren Konvent von ihrer Schwester Sophie immer wieder reichlich beschenken ließ, sondern auch vom Ansehen Elisabeths, die als Heilige jene breitflächige gesellschaftliche Anerkennung erreichen würde, die ihr im Leben nicht vergönnt gewesen war.

Fürsorge und Widerstand

Die Versorgung ihrer Kinder war für Elisabeth nicht nur Selbstzweck, sie gab ihr auch die Möglichkeit, ungehindert ihrem Streben nach Heiligkeit zu folgen. Konrad von Marburg erkannte schnell, dass seine Schutzbefohlene auf einem aus seiner Sicht gefährlichen Weg der Selbstentäußerung war. Er bewirkte deshalb einen Schutzbrief des Papstes für sie, der jeden mit Exkommunikation und Interdikt bedrohte, der Hand an Elisabeths Witwengüter legte. Damit zeigt sich Konrad von Marburg einmal mehr als hochintelligenter, selbstständig denkender Netzwerker. Denn er hatte als einziger erkannt, wie man Heinrich Raspe im Hinblick auf den unrechtmäßigen Entzug der Mitgift und des Wittums entgegentreten konnte. Sich an den Stauferkaiser zu wenden wäre vollkommen sinnlos gewesen, weil Konrad auf diesen politischen Teil des Netzwerkes keinen Einfluss hatte. Exkommunikation und Interdikt aber waren durchaus ernst zu nehmende Drohungen. Denn wer aus der Gemeinschaft der Kirche ausgestoßen war, konnte als Herrscher nicht mehr auf den uneingeschränkten Gehorsam seiner Untertanen hoffen. Eine solche Strafe hatte schon Heinrich IV. mitten im eisigen Winter dazu gebracht, die Alpen zu überqueren, um barfuß vor der Burg Canossa um die Vergebung des Papstes zu bitten. Heinrich Raspes Herrschaft war zwar sicher, ob sie aber so gefestigt war, dass er Exkommunikation und Interdikt schadlos überstanden hätte, darf mit Recht bezweifelt werden.

Heinrich war Realpolitiker genug, um zu wissen, dass es in den ohnedies unsicheren Verhältnissen des Mittelalters keine gute Idee war, sich selbst zur Zielscheibe zu machen. Das genau aber wäre er unter einem Interdikt geworden. Wer auf diese Weise aus der Gemeinschaft ausgeschlossen war, durfte von jedem ungestraft getötet werden. Kein Standortvorteil für einen Herrscher, der nur effizient regieren konnte, wenn er sich regelmäßig überall sehen ließ. Heinrich war also klar, dass er

Konrad offenbar unterschätzt hatte und sich nun kompromissbereit zeigen musste. Konrad seinerseits musste die widerstrebende Elisabeth dazu bringen, sich auf eine Lebensform einzulassen, die einerseits ihren Vorstellungen von Armut entsprach, andererseits aber nicht allzu blamabel und somit rufschädigend für ihre Verwandten war.

Ihm schwebte für seine Schutzbefohlene ein zurückgezogenes Leben in einem Kloster oder, wenn Elisabeth auf einer entschiedeneren Form armen und zurückgezogenen Lebens bestehen sollte, eine Einsiedelei vor. Vorbilder für eine solche Lebensform gab es genug. Elisabeths Schwiegermutter Sophie lebte in einem Kloster in Eisenach, die heilige Kunigunde hatte ihr Leben nach Heinrichs Tod im Kloster in Kaufungen beendet und jedem Zeitgenossen war klar, dass Elisabeths Tante und Schwester ihrer Mutter Gertrud, Hedwig von Andechs, sich irgendwann ganz in die 1202 von ihr gegründete Zisterzienserinnenabtei in Trebnitz zurückziehen würde. Elisabeth aber fühlte sich zu einer anderen, deutlich radikaleren Lebensform berufen. Sie hätte ihren gesamten Besitz am liebsten ihrem Schwager Hermann überlassen und wäre frei von allen weltlichen Bindungen als arme Bettlerin durch das Land gezogen. Der Vergleich mit dem heiligen Alexius, den die Autoren ihrer Lebensbeschreibungen knüpfen, ist also durchaus berechtigt. Aber im Gegensatz zu dem jungen Mann, dessen wohlhabende Eltern sicher auch nicht begeistert davon waren, dass er, anstatt einen Beruf zu ergreifen, als Bettler herumzog, die ihn seinen Weg aber gehen ließen, sah Elisabeth sich erheblichen Schwierigkeiten gegenüber. Dass man ihr die freie Wahl einer Lebensform nicht zugestehen wollte, hängt ganz eindeutig mit ihrem Geschlecht zusammen. Beispielhaft ablesbar ist dies an der Geschichte von Franziskus und Klara von Assisi. Beide spürten dieselbe Berufung zu einem radikal armen Leben. Beide verließen ihre wohlhabenden Elternhäuser. Aber während Franziskus tatsächlich lange Zeit mehr oder weniger unbehelligt auf der Straße oder zumindest in extrem ärmlichen und ungesicherten Verhältnissen lebte, wollte nicht einmal er, der die Deutlichkeit des Rufes kannte, den auch Klara vernommen hatte, seiner Schwester im Glauben dieses Leben zu führen erlauben. Er sorgte deshalb gemeinsam mit seinen Gefährten dafür, dass Klara und die anderen Frauen, die sich ihnen anschließen wollten, in einem Kloster lebten. Elisabeths Drängen, zu vollbringen, was Klara vergeblich versucht hatte, musste Konrad, der die an Sturheit grenzende geistige Stärke der Fürstin kannte, zu Recht beunruhigen.

Sein Bemühen, Elisabeths Sehnsucht nach einem besitzlosen Wanderleben in geregelte Bahnen zu lenken, lief ganz klar auf ein Kräftemessen mit der ehemaligen Landgräfin hinaus. Der Konflikt drohte zu eskalieren, als Elisabeth 1228 in der Eisenacher Franziskanerkirche ein erweitertes Gelübde ablegte, um sich auf diesem Wege seiner unliebsamen Einflussnahme zu entziehen. *„So werde ich tun, woran ihr mich nicht hindern könnt!"* drohte sie ihm selbstbewusst. Konrad wusste, dass Elisabeth dies ernst meinte und ein solches Gelübde nach mittelalterlichem Rechtsverständnis bindend war. Die *Vita* berichtet, dass Elisabeth am Karfreitag des Jahres 1228 in der Eisenacher Franziskanerkirche „*in Gegenwart einiger Brüder auf Eltern, Kinder und auf den eigenen Willen, auf allen Glanz der Welt und auf alles, was der Heiland im Evangelium rät*", verzichtete. Doch als sie Anstalten machte, sich gänzlich von allem Besitz loszusagen, schritt Konrad ein. Er hinderte Elisabeth daran, auf ihre Witwengüter zu verzichten, denn mit ihrem Verzicht wäre jeder Rechtsanspruch auf jene Güter und Liegenschaften, die Heinrich Raspe ihr mit dem Hinweis auf ihr aus seiner Sicht verschwenderisches Spendenverhalten entzogen hatte, erloschen.

Konrad war jedoch nicht der Einzige, der Elisabeths Eifer im Wege stand. Denn nun schritt die Verwandtschaft von mütterlicher Seite ein, um sie zur Vernunft zu bringen. Ihre Tante Mechthild, die als Äbtissin des Benediktinerinnenklosters in Kitzingen lebte, in dem Elisabeths andere Tante, Hedwig von Andechs, erzogen worden war, brachte ihre widerspenstige Nichte gegen ihren Willen zu ihrem Onkel Ekbert, dem Bischof von Bamberg. Damit entlastete sie Konrad für eine Weile, denn nun war Elisabeth in den Händen eines effizienten Netzwerks von hochadeligen Verwandten, die schon mehr als ein widerstrebendes Familienmitglied dazu gebracht hatten, sich ihren Wünschen zu beugen. Ekbert von Bamberg, dessen Skulptur sich heute in der Gnadenpforte des Bamberger Doms befindet, war enger Berater Kaiser Friedrichs II. und verwaltete als dessen Statthalter Österreich und die Steiermark. Die junge, gerade einmal 20-jährige Witwe war aus seiner Sicht noch keineswegs alt genug, um zu wissen, was gut für sie war, und deshalb hielt er es für das Beste, seiner heiratsunwilligen Nichte einen neuen Ehemann zu suchen. Doch auch er scheiterte an Elisabeths Fähigkeit zur Selbstbehauptung. Die *Vita* berichtet über ihre Reaktion auf das Engagement ihrer Verwandten: „... *selbst wenn mein Onkel mich gegen meinen Willen mit jemandem vermählen wollte, würde ich mit Herz und Mund Widerstand leisten. Und fände ich keinen anderen Ausweg, so würde ich mir heimlich die Nase abschneiden. So hässlich verstümmelt würde ich wohl von niemandem mehr umworben werden*". Daraufhin ließ Ekbert seine Nichte auf die schwer befestigte Burg Pottenstein schaffen, auf dass die „ehrenvolle Gefangenschaft" sie zur Vernunft bringe. Die Burg, die zur Sicherung des Gebietes zwischen Obermain und Pegnitz diente, war vermutlich durch ihren Gründer Boto, den Bruder des Pfalzgrafen Aribo, zwischen 1057 und 1070 errichtet worden und später in den Besitz der Bamberger Bischöfe gelangt, die sie zu ihrer Amtsburg machten und durch ein Ministerialengeschlecht verwalten und bewirtschaften ließen. Dass die heute so romantisch wirkende, an einem Steilhang gelegene Anlage damals als schwer bewaffnete Grenzfestung wenig komfortabel war und ihre Wohngebäude keineswegs mit den luxuriösen Sälen und Kemenaten auf der Wartburg zu vergleichen war, wird Elisabeth nicht gestört haben. Sie hat die dort verbrachte Zeit vermutlich zum Gebet genutzt. Ihre Sturheit war inzwischen so bekannt, dass ihre Drohung, sich selbst zu verstümmeln, ernst genommen wurde und die Liste der Bewerber um ihre Hand nicht allzu lang gewesen sein wird. Ihr Schwager Heinrich hätte vermutlich eine entsprechend verlockende Summe ausloben müssen, um die Aufgabe, die Widerspenstige zu zähmen, attraktiv erscheinen zu lassen.

Der letzte Weg der Fürstin

Doch dann beendete die Überführung der Gebeine ihres Ehemannes Elisabeths Geiselhaft, denn nun musste sie ein letztes Mal die Rolle der Landgräfin spielen. Dieses Mal erhob sie keinen Widerspruch, ging es hier doch um ihren von Herzen geliebten und viel zu früh verlorenen Ehemann.

Jacobus von Voragine schildert in seiner *Legenda aurea* die bewegende Szene:

„*Der Bischof ging den Gebeinen mit prächtiger Prozession entgegen, sie aber empfing sie mit weinenden Augen. Sie wandte ihr Angesicht empor zum Herrn und sprach: ‚Herr, ich danke dir, dass du mich Elende deines Trostes gewürdigt hast, da du mich die Gebeine meines Gemahls, den du lieb hattest, empfangen ließest. Herr, du weißt, dass ich ihn sehr lieb hatte, der in Liebe zu dir entbrannt war. Um deiner Liebe willen habe ich ihn ins Heilige Land gesandt, für dich zu kämpfen. Mir wäre lieb, noch mit ihm zu leben, wenn ich auch durch alle Welt mit ihm betteln gehen müsste. Doch du weißt, dass ich gegen deinen Willen ihn zu diesem sterblichen Leben nicht wieder rufen möchte. Denn ich befehle ihn und mich ganz deiner Gnade.‘*"

Die Überführung nahm mehrere Tage in Anspruch. Während man heute über die Autobahn in knapp zweieinhalb Stunden von Pottenstein nach Reinhardsbrunn gelangt, kam man im 13. Jahrhundert auf Pferden und mit einem Wagen, der die sterblichen Überreste Ludwigs transportierte, deutlich langsamer voran. Eine gute Gelegenheit für die Familie, ihre Frömmigkeit und ihren Reichtum zu demonstrieren, denn natürlich zog der prachtvolle Leichenzug Scharen von Neugierigen und Armen an, die darauf hofften, der Landgrafenfamilie beim Zur-Schau-Stellen ihrer Mildtätigkeit behilflich sein zu können. Was heute ironisch klingt, war im Mittelalter durchaus selbstverständlich. Jeder hatte seine Stellung in der Gesellschaft. Wer viel besaß, wusste sich verpflichtet, von seinem Überfluss zumindest hier und da den Armen etwas abzugeben, und die wiederum beteten zum Dank für die erhaltene Gabe für die edlen Spender.

Am Rande der Beisetzungsfeierlichkeiten wurden zahlreiche Verhandlungen geführt. Inzwischen war allen Beteiligten klar geworden, dass Elisabeth sich ihre Berufung nicht würde ausreden lassen und dass eine erzwungene Heirat niemandem nutzen würde. Deshalb suchte man nun nach Wegen, den Wunsch der Landgräfin nach einem armen Leben in einer Form umzusetzen, die ihren Wünschen entsprach und zugleich dem Ruf und dem Ansehen der Thüringer und Andechser Familienzweige nicht schadete. Ekbert konferierte mit den ehemaligen Vasallen Ludwigs, um sich ihrer Unterstützung für dessen Witwe zu versichern. Konrad sprach mit Heinrich Raspe und dessen Bruder Konrad, dem späteren Großmeister des deutschen Ordens. Der Kompromiss, den er dabei erzielte, war die für alle Seiten optimale Lösung der Abfindung. Elisabeth erhielt 2000 Mark, eine Summe, die in etwa dem Grundbesitz eines mittleren Adeligen oder Klosters entsprach. Ihr selbst kam dies insofern entgegen, als sie etwaigen Landbesitz ohnehin versilbert hätte, um das Geld den Armen zu geben, und ihre Verwandten behielten ihre Besitzungen. Nun galt es nur noch, die Frage zu klären, wo Elisabeth künftig wohnen sollte. Auch wenn sie selbst am liebsten sofort alles Geld verschenkt hätte und mittellos umhergezogen wäre, sorgte Konrad dafür, dass sie in relativer Armut ein geregeltes Leben führte. Da niemand in Eisenach ein Interesse daran hatte, die unbequeme Mahnerin aufzunehmen, entschied sich Konrad, seinen Herkunftsort Marburg als neuen Wohnsitz für Elisabeth vorzuschlagen. Dass sie ihm gegen seinen Willen dorthin gefolgt ist, wie er es in seiner Lebensbeschreibung der Heiligen schildert, ist unwahrscheinlich. Konrad wollte mit dieser Darstellung wohl eher die enge Verbindung zwischen ihm und seiner geistlichen Tochter betonen. Tatsächlich erzählen die Dienerinnen Elisabeths die Geschichte ganz anders und betonen, dass die mit einer Bleibe in Eisenach oder einem armen Wanderleben durchaus zufriedene Elisabeth auf Konrads Geheiß nach Marburg gegangen sei. Die Wahl war insofern stimmig, als Konrad als Sohn eines Marburger Ministerialen über gute Kontakte verfügte. In der vor 1244 überarbeiteten Fassung der Zeugenaussagen im Heiligsprechungsverfahren wird zudem behauptet, dass die Stadt zur Morgengabe Ludwigs an Elisabeth gehörte. Historiker gehen heute allerdings davon aus, dass dies nicht den Tatsachen entspricht, und vermuten Elisabeths Morgengabe eher in Zentralthüringen. Sie erhielt den Ort also vermutlich bei den Verhandlungen, die im Umfeld der Bestattung des Landgrafen Ludwig in Reinhardsbrunn stattfanden. Wie eine von ihren Schwägern Heinrich und Konrad ausgefertigte Urkunde bezeugt, wurde er ihr aber nur *ad usum*, also zum Gebrauch und nicht als Eigentum, übertragen. Er war Teil der Entschädigung, die man Elisabeth für die ihr entzogenen Güter gewährte. Da nach mittelalterlichem Recht die Übertragung eines Ortes an eine Adelige auch dessen Befestigung einschloss – was unmittelbar einsichtig ist, denn ein ungesicherter Ort wäre kein erstrebenswerter Besitz –, verfügte Elisabeth nicht nur über den Grund und Boden, auf dem sie ihr Hospital gründete, es gehörten ihr auch die Siedlung und die Burg, die auf dem Bergrücken an jener Stelle errichtet worden war, an der der Marbach, dem die Stadt Marburg ihren Namen verdankt, in die Lahn fließt. Tatsächliche haben archäologische Grabungen in den Jahren 1989 und 1990 ergeben, dass sich auf dem Burgberg ein rechteckiger, 16 mal 9,5 Meter umfassender Steinbau befand. Die ältesten Teile der acht Meter hohen Mauerfront, die den Berg vor herannahenden Feinden schützt, wurden vermutlich im 11. oder 12. Jahrhundert errichtet, und die Grabungen machten deutlich, dass im 12. Jahrhundert Umbauarbeiten vorgenommen wurden, bei denen jene neuen Techniken, die die Kreuzfahrer im Orient kennengelernt hatten, mit einflossen. Dazu zählt der auf die älteren Mauerzüge aufgesetzte, massive quadratische Turm mit der beeindruckenden Seitenlänge von 9,5 Metern sowie die in seinem Vorfeld errichtete, mehrfach geknickte Ringmauer, deren Zwischenraum mit Schutt aufgefüllt und mit schnell härtendem Kalkwasser übergossen wurde – eine Mischung, die einen für damalige Verhältnisse nahezu undurchdringlichen Schutzwall schuf. Der insgesamt sehr machtvoll wirkende repräsentative Bau, der Elisabeth zum Nießbrauch überlassen worden war, legte beredtes Zeugnis davon ab, wie die Familie ihres Mannes, die Ludovinger, ihre Herrschaft ausübten. Denn er war errichtet worden, nachdem Marburg Teil ihrer Besitzungen wurde, deren westlichen Bereich sie sichern sollte. Marburg war als Standort also keineswegs nur möglichst weit weg von der Wartburg, sondern zugleich ein repräsentativer Grenzort, der die Herrschaft der Ludovinger gegen ihren Konkurrenten, den Mainzer Erzbischof, abgrenzte und daher von nicht unerheblicher militärischer Bedeutung war. Denn der Mainzer Oberhirte nannte seinerseits mit der Amöneburg eine Burganlage sein Eigen, die militärisch auf dem neuesten Stand war. Wie man an dieser Konstellation leicht sehen kann, ist die Politik der Abschreckung keine Erfindung aus der Zeit des Kalten Krieges. Auch wenn man davon ausgehen kann, dass Elisabeth an diesen Details wenig interessiert war, ist also nachvollziehbar, dass Heinrich Raspe eine so wichtige Festung seiner Schwägerin nicht einfach überschreiben und von ihr zugunsten ihrer karitativen Tätigkeiten veräußern lassen würde. Aus Heinrichs Sicht bestand nämlich die Gefahr, dass die der Kirche so zugewandte Elisabeth sich vom Mainzer Erzbischof überreden lassen könnte, ihm, der seine Amöneburg gerade erst mit einer ihm direkt unterstellten Mannschaft besetzt hatte, die Burg in Marburg zu verkaufen. Da Elisabeth vor allem an der schnellen Linderung unmittelbarer Nöte interessiert war, ist es gut möglich, dass sie begeistert zugestimmt und sich die Burg mit einer viel zu geringen Summe hätte entgelten lassen. Heinrich umging diese mögliche Gefahr also taktisch geschickt, indem er Elisabeth selbst Geld und einen Ort anbot, an dem sie sowohl wohnen als auch die Kranken der Region pflegen, den sie aber nicht veräußern konnte.

Er hatte nun unter – wie seine Standesgenossen fraglos bestätigen würden – schwierigen Umständen seine Pflicht gegenüber der Frau seines verstorbenen Bruders erfüllt, ihren Lebensunterhalt gesichert, ihr eine angemessene Bleibe verschafft und darüber hinaus den Vorteil genutzt, dass die Stadt Marburg durch ihre Randlage innerhalb des thüringischen

Herrschaftsgebietes den nötigen Abstand zwischen Elisabeth und der Familie ihres Mannes schuf. Die Nähe zu Kloster Altenberg, in dem ihre Tochter Gertrud lebte, bot einen weiteren Vorteil. Elisabeth, die ihre Kinder sehr liebte, besuchte Gertrud häufig, während der Kontakt zu ihrem Sohn Hermann, der unter der Vormundschaft Heinrich Raspes stand, abgerissen zu sein scheint.

Neubeginn in Marburg

Elisabeth war mit der Übereinkunft offenbar ebenfalls zufrieden. Auf den Vorschlag Konrads hin ließ sie nun an den Ufern des schwarzen Wassers, einem Nebenarm der Lahn, ein neues Hospital erbauen, in dem sie sich der Pflege der Kranken und Siechen widmete. Der Standort war sehr vorteilhaft, denn das Haus für die Pflege der Kranken und Sterbenden lag zwischen zwei Flüssen – an der anderen Seite floss der Marbach in die Lahn. So ergab sich eine natürliche Kanalisation. Zusätzlich verfügte das Gelände über eine Quelle, deren frisches Wasser vermutlich schon zu Elisabeths Zeiten über eine Leitung aus Bleirohren in das Hospital geleitet wurde. Die Frage der Wasserversorgung war essenziell für ein Hospital, ebenso wie die der Verkehrsanbindung. Wer im Mittelalter Dienstleistungen anbot, achtete genau wie wir heute darauf, dass er erreichbar war. Für Hildegard von Bingen bedeutete dies, dass sie den Rupertsberg als Standort für ihr neues Kloster auswählte, das, am Rhein gelegen, sowohl zu Schiff als auch über die befestigten Wege am Ufer sehr gut erreicht werden konnte und zudem auf dem Weg von Köln nach Mainz eine beliebte Station bildete. Und auch für Elisabeth waren gut ausgebaute Wege und Straßen zum Hospital wichtig. Zum einen, weil diese Kranken- und Siechenhäuser die Patienten, die oft ansteckende Krankheiten hatten, bereits vor der Stadt abfangen sollten, um deren Bewohner zu schützen. Zum anderen garantierten gute Straßenverhältnisse, dass außer den Kranken auch andere Reisende über das Hospital in die Stadt reisten und dort ihre Spenden hinterließen. Da es außerhalb der Klöster keine fest finanzierten Krankenhäuser gab, waren Institutionen wie jene, die Elisabeth in Eisenach und Marburg gegründet hat, auf die milden Gaben derjenigen angewiesen, die von den Kranken im Gegenzug das Gebet für ihr Seelenheil erbaten. Natürlich zog das Hospital in Marburg nicht nur Kranke, sondern auch Bettler an, die nicht mehr selbst für ihren Lebensunterhalt sorgen konnten. Sie platzierten sich an der verkehrsreichen Straße, die in der Nähe von Elisabeths Hospital von Kassel über Wehrda, Marburg und Ockershausen bis nach Frankfurt verlief und deren Strecke heute die moderne Elisabethstraße folgt. Die Bettler waren im Mittelalter ein wichtiger Bestandteil der Gesellschaft, ermöglichten sie doch den Begüterten und Reichen, durch Almosengeben ihr Seelenheil zu sichern. Den Reichen geriet dies nicht nur zum Vorteil, weil es ihnen als gute Tat angerechnet wurde, sondern auch, weil die beschenkten Bettler ebenso wie die Kranken im Hospital im Gegenzug für ihre Spender beteten. Insofern schlug man mit dem Almosengeben gewissermaßen zwei Fliegen mit einer Klappe, während man mit einem Messstipendium „nur" ein Gebet erhielt, ohne zugleich karitativ wirksam zu sein. Deshalb galt Betteln auch weder als ehrenrührig noch war es verboten. Durch die Gründung der Bettelorden erhielt die Bitte um Almosen sogar eine besondere kirchliche Legitimation, die als urchristlich-alternative Lebensweise eine eigene Würde für sich beanspruchen konnte. Thomas von Aquin ging so weit, Arme als notwendigen Teil der sozialen Ordnung und Armsein als ein Sakrament zu bezeichnen. Ähnlich wie in anderen Lebensformen oder Berufen gab es auch bei den Bettlern verschiedene Spezialisierungen, die wiederum Auswirkungen auf das Ansehen der jeweiligen Bettler hatten. Der größten gesellschaftlichen Achtung erfreuten sich die in den Städten ansässigen Hausarmen. Sie verfügten über einen festen Wohnsitz, waren aber aufgrund von Krankheit, Alter oder Behinderung nicht in der Lage, selber ihren Lebensunterhalt zu sichern. Da sie ihrem jeweiligen Umfeld persönlich bekannt waren, hatten sie zumeist einen festen Spenderkreis, von dem sie Unterstützung erwarten konnten. Generell waren die Stadtbettler geachteter als die vagierenden und somit eher der Kriminalität verdächtigen Landbettler. Wie auch heute in vielen Städten zu beobachten, teilten die Bettler auch im Mittelalter das Territorium ihrer Stadt untereinander auf. Die durchsetzungsstärksten Mitglieder der Gruppe bekamen die Plätze an den Kirchen, wo aufgrund der christlich gebotenen Mildtätigkeit die größten Erträge zu erwarten waren.

Hospitäler waren ähnlich attraktiv, da sie ebenfalls über Kapellen verfügten und einen regen Personalverkehr aufwiesen. Die Gründung Elisabeths in Marburg verfügte über mehrere, von einem schützenden Zaun umgebene Häuser. Da war zum einen das Hospital selbst, das mit einer Kapelle verbunden war. Es war ebenso wie die Nebengebäude in Fachwerkbauweise errichtet. Davon zeugt zum einen die *Vita*, in der Elisabeths Dienerinnen in den Zeugenverhören zu ihrer Heiligsprechung ihre Unterkunft als ein „niedriges Häuschen aus Holz und Lehm" beschreiben. Aber auch die Ausgrabungen, die 1970/71 im Vorfeld der Bauarbeiten zur Verrohung des Ketzerbaches auf der Freifläche zwischen Elisabethkirche und dem Deutschen Haus, 1997 im Umfeld des Heizungseinbaus in die Kirche und 2006 anlässlich der Umgestaltungsarbeiten der Grünflächen zum Elisabeth-Jahr durchgeführt wurden, weisen durch die Funde von Pfostenlöchern für die tragenden Balken der Fachwerk-

Elisabeth in Marburg

konstruktion in diese Richtung. Zwar sind aus dem 13. Jahrhundert keine Fachwerkhäuser in Deutschland mehr erhalten, durch Vergleiche mit den ältesten hessischen Bauten kann man aber einen realistischen Eindruck davon gewinnen, wie Elisabeths neues Reich aussah. Der zentrale Bau war quadratisch angelegt und hatte eine Seitenlänge von acht Metern. Niedrige, auf Lehm gesetzte Steinmauern bildeten die Grundlage für die Fachwerkkonstruktion, deren dachtragende Balken tiefer im Boden versenkt waren. Diese Bauweise war durchaus stabil. Ihre Lebensdauer wurde allerdings durch den zwischen zwei Flüssen gelegenen, recht feuchten Boden begrenzt, und die Fachleute gehen davon aus, dass Elisabeths Hospital bereits in der Mitte des 13. Jahrhunderts schon wieder baufällig war. Pfostenspuren im Innern des zentralen Hauses zeigen, dass es zweigeteilt war. Im hinteren Teil, nach Osten hin, lag die Küche, die den Wohnbereich mitheizte. Elisabeths Dienerinnen berichten darüber, wie froh ihre Herrin über den funktionierenden Kamin, möglicherweise sogar Kachelofen war und wie sehr sie unter dem Qualm des offenen Feuers in der provisorischen Unterkunft gelitten hatte, die sie bis zum Einzug in die neuen Gebäude bewohnt hatten. Gedeckt waren das Hospital, das Wohnhaus und die anderen Nebengebäude mit Stroh. Die so geschützten Satteldächer boten den darin Wohnenden und Arbeitenden ein im Sommer und Winter gleichermaßen angenehmes Raumklima und waren zugleich preisgünstig gegenüber dem weit kostspieligeren Schiefer. Ob das quadratische Zentralgebäude Elisabeths Wohnhaus war, kann man nicht mit letzter Sicherheit feststellen, es spricht aber einiges dafür. Nicht genau belegt ist hingegen, wo sich das Hospital befand. Der Erzähltradition zufolge ist das am Nordrand des Geländes

1286 von den Deutschordensrittern erbaute Hospital über Elisabeths Sterbeort errichtet worden. Bei den bereits im 19. Jahrhundert und 1970/71 vorgenommenen Ausgrabungen fanden sich aber keine Hinweise auf ältere darunterliegende Gebäude. Elisabeths Begräbnisort – nach ihrem Wunsch das Hospital – verweist auf den Nordchor der Elisabethkirche als Standort für ihr Kranken- und Siechenhaus.

Nach der Fertigstellung des Hospitals zog Elisabeth, wie die Viten berichten, begleitet von ihren Dienerinnen, dort ein. Denn auch wenn sie sich entschlossen hatte, in relativer Armut zu leben, blieb sie doch Königstochter und Landgräfin mit einem Recht auf ein Gefolge. Das heißt aber keineswegs, dass die Frauen, die sich mit Elisabeth zusammen nun der Krankenpflege widmeten, mit ihrem neuen Leben unzufrieden waren. Die junge, glühend von den Werten und der Lebensform der Armutsbewegung durchdrungene Frau konnte eine enorme Überzeugungskraft entwickeln. Wir können also davon ausgehen, dass einige derjenigen, die schon auf der Wartburg gemeinsam mit Elisabeth auf den Verzehr unrechtmäßig erworbener Nahrungsmittel verzichtet und im Gebet die Nächte durchwacht hatten, keiner Überredung oder gar eines Befehls bedurft hatten, um ihre Herrin und Freundin nach Marburg zu begleiten. Als Zeichen ihres neuen Lebens kleidete Elisabeth sich nun in ein „graues Hemd, ein wohlfeiles Gewand". Ein Kleid als Symbol einer neuen Lebensform zu wählen war im Mittelalter durchaus üblich. Bei Elisabeth ist diese einfache Form der Kleidung, mit der sie sich nun endgültig von ihrer höfischen Lebensweise lossagt, aber nicht gleichbedeutend mit der Mitgliedschaft in einem Orden. Genau dies wurde immer wieder gemutmaßt. Grund für die Annahme, Elisabeth sei

Franziskanerin geworden, ist ihre offenkundige Nähe zur Armutsbewegung und die Verehrung, die sie deren spirituellem Leuchtturm, Franziskus von Assisi, entgegenbrachte. Ihm fühlte Elisabeth sich so nahe, dass sie sich kurz nach dessen Tod Reliquien des bald Heiliggesprochenen verschaffte. Dass ihr dies so schnell und unkompliziert gelang, beweist, dass Elisabeth ihr adeliges Netzwerk durchaus nutzte, wenn es ihren Vorhaben dienlich war. Eine einfache arme Marburger Krankenpflegerin wäre mit der Bitte um Reliquien ganz sicher auf taube Ohren gestoßen, aber einer ungarischen Königstochter und Thüringer Landgräfin erfüllte man gerne den Wunsch nach physischer Nähe zu ihrem geistlichen Vorfahren. Mit den Franziskus-Reliquien im Altar der Kapelle des Marburger Hospitals gründete Elisabeth eines der ersten Franziskus-Patrozinien in Europa – ein weiterer Beleg dafür, dass sie selbst keine Franziskanerin war, denn der junge Orden wählte oft die Gottesmutter Maria, jedenfalls aber andere Patrone als seinen Gründer für seine neuen Konvente. Die Marburger Niederlassung der Franziskaner im Westen der Altstadt am heutigen Standort des „Instituts für Leibesübungen" entstand 1235 und hatte keine Verbindung zu Elisabeths Hospital. Ihr Krankenhaus ist also durchaus Teil der Armutsbewegung, zugleich aber eine originäre Gründung, deren Leiterin, abgesehen von ihrer Bindung an ihren geistlichen Begleiter Konrad von Marburg, Wert auf ihre Unabhängigkeit legte.

Elisabeth orientierte sich in ihrer neuen Lebensform auf Anraten von Konrad an Maria von Oignies, einer 1213 verstorbenen französischen Mystikerin. Auch sie stammte, wenngleich nicht aus einem Königshaus, so doch aus einer wohlhabenden Brabanter Familie und war wie Elisabeth als 14-jährige verheiratet worden. Sie hatte, ihrer starken religiösen Berufung folgend, ihren Mann davon überzeugt, gemeinsam ein enthaltsames Leben zu führen, und ihr Haus in ein Hospital für Leprakranke umgewandelt. Auch Maria hatte damit zu kämpfen, dass sie ihre spirituelle Berufung nicht leben konnte. Sie war eine Mystikerin, die gerne das Wort Gottes verkündet hätte, was ihr als verheiratete Frau im Gegensatz zu Äbtissinnen wie Hildegard von Bingen jedoch verwehrt war. Maria wurde stattdessen zur Inspiratorin für den Augustinermönch Jakob von Vitry, den sie davon überzeugte, wie wichtig die damals in den Gemeindegottesdiensten vernachlässigte Predigt für die geistliche Bildung der Gläubigen war. Er schrieb später ihre Biografie. Diese Form der geistlichen Freundschaft, wie Maria von Oignies, die zur Begründerin der Beginenbewegung wurde, und Jakob von Vitry sie lebten, basiert auf dem keltischen Konzept des *anam chara*, der Seelenverwandtschaft, die sich in einem für das geistliche Leben befruchtenden Austausch Ausdruck verschafft. Auch wenn die Beziehung zwischen Elisabeth und Konrad oft wohl eher einem Miteinander-Ringen als einem inspirierenden Austausch glich, war er ihr doch ein guter Begleiter, der die extremen Ausdrucksformen ihrer Frömmigkeit zu kanalisieren verstand.

Im Dienst der Kranken

Dass es in Marburg ein neues Hospital gab, in dem eine ehemalige Landgräfin sich aufopfernd um die Kranken kümmerte, sprach sich schnell herum. Vor allem wanderte die Nachricht, dass Elisabeth auch Bettler und Mittellose willkommen hieß und mitunter überreich beschenkte, von Mund zu Mund. Angesichts der öffentlichkeitswirksamen Aktion, mit der Elisabeth für ihr Hospital warb, ist das allerdings wenig erstaunlich. Denn als sie ihr Witwengut von 2000 Mark erhalten hatte, ließ sie im Umkreis von 20 Kilometern um Marburg – was etwa einer Tagesreise für jemanden entspricht, der nicht ganz so gut zu Fuß ist – verkünden, dass sie ein Viertel dieser Summe an die Armen verteilen werde. Um zu verstehen, welche Bedeutung diese Summe für die so Beschenkten hatte, lohnt sich der Blick auf ein Rechenbeispiel. Für eine Mark, die als Zähleinheit im Mittelalter 144 Pfennige umfasste, konnte man mehr als fünfhundert Heringe kaufen. Schon mit einer einzigen Mark konnte Elisabeth also mehrere hundert Menschen für einen Tag satt und glücklich machen. Kein Wunder, dass die Armen aus der Region in Scharen herbeiströmten, denn die neue Leiterin des Spitals verteilte zusätzlich zu den 72 000 Pfennigen noch Brot und bot dazu warme Getränke an. Die *Vita* schildert, wie aufmerksam und gerecht sie dabei vorging. Denn natürlich herrschte auch unter den Armen und Kranken der Gesellschaft keine uneingeschränkte Nächstenliebe. *„Nach dem Weggang der kräftigen Leute"*, so schildert es die Lebensbeschreibung der Heiligen, *blieben in der folgenden Nacht bei Mondschein sehr viele schwächere und kranke Personen am Zaun des Krankenhauses* und in den Winkeln des Hofes liegen." Und ihre Hoffnung gab ihnen Recht, auch ihnen gab Elisabeth von ihrem Reichtum ab und versorgte sie mit Nahrungsmitteln. Als die Armen vor Freude zu singen begannen, sagte Elisabeth zu ihren Dienerinnen: „Seht, ich habe euch doch gesagt, wir sollen die Menschen froh machen." Auch wenn die Rolle der edlen Spenderin sehr gut in das Verhaltensmuster einer Landgräfin passte, die Szene blieb ein Einzelfall. Der Alltag Elisabeths entsprach vielmehr genau der radikalen Nachfolge des armen Jesus, nach der sie sich schon seit Jahren gesehnt hatte. Die ehemalige Fürstin verrichtete die einfachsten Handarbeiten. Sie kochte, putzte und spann Wolle, die sie im Kloster Altenberg, in dem ihre Tochter lebte, verkaufte, um so zum Unterhalt des Hospitals beizutragen. Allerdings war sie als Hausfrau nur schwach qualifiziert. Schon auf der Wartburg hatte sie manch einen mit den unbeholfenen Versuchen, eigenhändig eine Kuh zu melken, belustigt.

Elisabeths Dienerinnen berichten in ihrer Lebensbeschreibung über ihre eifrigen, aber unzulänglichen Versuche, Haus- und Handarbeit zu verrichten: Sie bereitete

„Speisen, aber ganz unschmackhaft, weil sie weder kochen konnte noch das Nötige dafür zur Verfügung hatte. Wegen ihrer überaus großen Armut gab sie sich oft mit wässrigen Suppen aus Hülsenfrüchten oder Krautblättern zufrieden. Diese an sich schon erbärmliche Speise, die sie wegen ihres Betens unaufmerksam zubereitete, schmeckte dann auch noch angebrannt. Wenn die selige Elisabeth Kochtöpfe säuberte und wegen anderer Beschäftigungen der Mägde einfache und armselige Speisen aus Kräutern und Hülsenfrüchten ohne Gewürz und unschmackhaft, so gut sie konnte, selbst zubereitete oder wegen zu dürftiger Kleidung unter Kälte litt, kam sie oftmals dem schwachen Feuer nahe. Sie hatte nämlich ihre Kleider ohne Rücksicht auf sich selbst an die Armen verschenkt. Da geschah es dann manchmal, dass sie bei der Arbeit ihrer Hände in Gebet oder Beschauung versunken mit Augen und Herz mehr dem Himmel zugewandt war (in dieser Haltung pflegte sie stets zu beten, wenn sie allein war) und eine Flamme oder ein Funke ihre armseligen Kleider ergriff, große Löcher hineinbrannte und sie verdarb. Aber sie merkte den Brand nicht, bis eine der Mägde zurückkehrte, den Geruch wahrnahm und das Feuer ausschlug. Elisabeth, durch die lauten Vorwürfe der Magd wieder zu sich gekommen, suchte hier und dort einfache Lappen jedweder Farbe zusammen, nähte sie eigenhändig an und beseitigte den Brandschaden so gut wie möglich. In dieser Weise besserte sie auch alte, zerrissene Stellen ihres verschlissenen Gewandes aus, indem sie es, obwohl der Nadel unkundig, mit billigen Fetzen flickte."

Es ist also wenig erstaunlich, dass Elisabeth ungeachtet ihres Eifers wirtschaftlich gesehen nicht besonders erfolgreich war. Die Preise, die sie in Altenburg für ihre selbstgesponnene Wolle erzielte, waren gering, was der minderwertigen Qualität ihrer Handarbeit geschuldet war. Allerdings hatte Elisabeth inzwischen einen Punkt erreicht, an dem sie tatsächlich mit dem auskommen musste, was sie erwirtschaftete, denn sowohl ihre kostbaren Kleider, als auch ihr Schmuck und aller Hausrat von Wert waren nach und nach verkauft worden, um das Geld den Armen zu geben. Was ihr an Geschicklichkeit im häuslichen Bereich fehlte, machte sie jedoch durch ihre bewundernswerte Hingabe bei der Krankenpflege wett. Was sie anging, lachte niemand über Elisabeth, die, wie zahlreiche Zeitgenossen berichten, beispielsweise einen gelähmten Jungen Nacht für Nacht mehrmals auf ihren Schultern zum Abort trug, dessen Bett sie säuberte und um den sie sich in jeder Weise liebevoll kümmerte. Dass viele der Wunderberichte, die später im Zuge ihres Heiligsprechungsprozesses zusammengetragen wurden, Kinder betreffen, hängt auch damit zusammen, dass Elisabeth ihnen besonders zugetan war. Wir erkennen hier ein wenig von dem Zwiespalt Elisabeths. Sie war eine liebende Mutter. Ihre Kinder ließ sie aber, weil das Leben, zu dem sie sich berufen fühlte, untragbar für sie gewesen wäre und vielleicht ebenfalls zu einem frühen Tod geführt hätte, standesgemäß erziehen und kümmerte sich stattdessen um die armen Kinder.

Nächstenliebe und Mission

Dass sie ihr Leben als Christusnachfolge begriff, war für Elisabeth keine Privatangelegenheit. Sie empfand es vielmehr als ihre Mission, die Armen und Kranken nicht nur wie Christus willkommen zu heißen, sie zu waschen, zu salben und mit Nahrungsmitteln und Medikamenten zu versorgen, sondern ihnen den Christus, den sie in ihnen sah, auch zu verkündigen. Regelmäßiges Gebet und den Empfang des Bußsakramentes hielt sie für notwendig für den Prozess der Heilung. Deshalb konnte sie streng und unnachsichtig reagieren, wenn ihre Patienten sich diesem Wunsch widersetzten.

„Einmal forderte sie eine arme, alte Frau zur Beichte auf. Als dies nichts nützte und weil sie dalag, wie wenn sie schliefe, keine Lust zum Beichten zeigte und der Ermahnung nicht achtete, züchtigte die selige Elisabeth sie mit Ruten und brachte so die Widerwillige schließlich doch zum Beichten."

Was uns heute schwer verständlich erscheint, war im Mittelalter von allen geteiltes Allgemeinwissen. Der Zusammenhang zwischen Körper, Geist und Seele war so eng, dass man einem Menschen, der beispielsweise unter Bluthochdruck litt, nicht als erstes eine Arznei empfahl, die das Symptom bekämpfte, sondern sich auf die Suche nach den Ursachen machte. Und die fand man nicht nur, wie man dies heute durchaus auch tut, in der Ernährung oder dem Umgang mit Alkohol oder Nikotin, sondern vor allem im zwischenmenschlichen Bereich. Hatte man es mit einem cholerischen Charakter zu tun, von dem man wusste oder in Erfahrung gebracht hatte, dass er gerne mal einen Streit vom Zaun brach, bekam er die Anweisung, dass er, noch bevor er zum heilenden Kraut griff, die Heilmittel, sprich die Sakramente der Kirche empfangen solle. Wer zunächst drei bis fünf Vaterunser betet, bevor er seinen Nächsten anschreit, hat sich in den meisten Fällen so weit abgekühlt, dass der Schaden, den er nun noch an seinem Nächsten und dem eigenen Blutdruck anrichtet, sich in Grenzen hält. Weil Elisabeth in dieser Gedankenwelt zu Hause war, hielt sie es für selbstverständlich, dass ihre Patienten sich nach ihrem Heilungsplan richteten. In dessen Durchsetzung mit Strenge oder sogar mit Ruten aber zeigt sich dann doch das Temperament der befehlsgewohnten Fürstin. Dass sie durchaus herrisch und manchmal auch unbeherrscht oder sogar ungerecht sein konnte, zeigt eine Szene am Rande des großen Festes, bei dem sie ein Viertel ihres Witwenvermögens verschenkte. Sie schnitt nämlich einem sehr gutaussehenden jungen Mädchen einfach die schönen langen Haare ab und kommentierte diese Demütigung, als sie deswegen kritisiert wurde, nur lakonisch mit den Worten: „*Wenigstens wird sie in Zukunft mit ihrem jetzigen Haar nicht sehr oft zum Tanzen gehen.*" Dass sie und ihre radikale Lebensform dennoch anziehend wirkten, wird jedoch daran deutlich, dass eben jenes Mädchen in die Hospitalgemeinschaft eintrat. Für Elisabeth scheint eben vieles einfach Mittel zum Zweck gewesen zu sein. Dies gilt für ausdrucksstarke Symbolhandlungen wie das Abschneiden der Haare, das ja für gewöhnlich für den Eintritt in ein Nonnenkloster stand, oder den Umgang mit Besitz als solchem. Er war für sie ohne eigenen Wert und nur insofern von Bedeutung, als man mit ihm den Menschen dienen konnte. Deshalb hatte sie auch kein Verständnis dafür, wenn sie, wie einmal geschehen, in ein Nonnen-kloster kam, in dem die Ordensfrauen nur mithilfe von Almo-sen das Allernötigste erhielten, ihre Kirche zugleich aber mit wertvollen Heiligenfiguren ausgestattet war. Um der Erhaltung einer schön ausgestatteten Kirche willen Hunger zu leiden war ein Verhalten, das Elisabeth nicht einleuchten wollte, und sie forderte die Nonnen energisch auf, ihre Besitzstände zu veräu-ßern, um sich etwas Anständiges zu essen zu kaufen. Das Bild, das sie in ihrer feurigen Ansprache verwendete, leuchtet ein. Es ist besser, ein goldenes Christusbild im Herzen zu tragen, als es in der Kapelle zur Schau zu stellen. Der Besuch des Nonnen-klosters zeigt eine weitere Besonderheit im Leben Elisabeths. Sie hatte sich ja bewusst keiner Ordensgemeinschaft ange-schlossen. Denn dies hätte bedeutet, dass ihre Bewegungsfrei-heit erheblich eingeschränkt worden wäre. Während Mönche oder Kleriker ungehindert auf Reisen gehen konnten, galt für Frauen nicht nur in Benediktinerklöstern die *stabilitas* loci. Von ihnen erwartete man ganz allgemein den Verbleib hinter den schützenden Mauern, was in einer Zeit, in der man als reisen-de Frau auf öffentlichen Wegen alles andere als sicher war, viel-leicht auch gar keine so schlechte Idee war. Das Leben in den Klöstern war zwar oft einfach, aber geregelt. Beispielsweise war es selbstverständlich, schlichte, aber saubere Kleidung zu tragen und sich regelmäßig zu waschen. Elisabeth muss dem-gegenüber einen gänzlich anderen Eindruck gemacht haben. Ihre Tante Mechthild, die sie in Kitzingen besuchte, war jeden-falls entsetzt über ihr ungepflegtes Äußeres und verordnete Elisabeth erst einmal einen Besuch im Bad. Die aber plätscher-te nur kurz mit den Füßen, weil sie der Überzeugung war, dass es für ihr geistliches Leben vorteilhafter wäre, ihrem *„Leib die-*

se Wohltat vorzuenthalten". Hier zeigt sich ein bedeutender Unterschied zwischen benediktinischer und franziskanischer Spiritualität, deren Letztere von Beginn an in der Versuchung war, den Körper gering zu achten, während Benediktinerinnen wie Hildegard von Bingen davon überzeugt waren, dass der Leib das Zelt der Seele ist und es deshalb weder notwendig noch angeraten ist, dieses Zelt verkommen zu lassen. Dass Elisabeths mangelnde Körperpflege so auffiel, hängt nicht nur damit zusammen, dass die radikalen Zweige der Armutsbewegung noch relativ neu waren, sondern auch damit, dass das Mittelalter entgegen seinem Ruf als finstere Zeit doch eine sehr lebensfrohe und gesundheitsbewusste war. Davon zeugen nicht zuletzt die vielen Badestuben, die in den Städten sowohl der Körperpflege als auch dem gesellschaftlichen Austausch dienten.

Ungeachtet gelegentlicher Kritik, die ihr vor allem bei Reisen in ihr vormaliges Lebensumfeld Eisenach entgegenschlug, machte Elisabeth mit ihrem radikalen Lebenszeugnis immer wieder Eindruck. Und das gilt nicht nur für die Armen, denen sie so viel Gutes tat. Auch manch einer derjenigen, mit denen sie früher zusammengelebt hatte, fühlte sich berufen, ihr Engagement zumindest mit Spenden zu unterstützen. So erhielt sie beispielsweise regelmäßig Fische zugesandt, eine große und nahrhafte Sorte, die zu angeln nur dem Adel erlaubt war. In der Regel kamen sie aber nicht auf den Tisch des Hospitals, sondern wurden zu Geld gemacht, das wiederum den Armen zugute kam. Für einige, auch Adelige, aber wurde Elisabeths Lebensbeispiel zum zündenden Funken für ihren eigenen Weg. Von Heinrich, dem Sohn des Grafen von Weinbach, wissen wir beispielsweise, dass er im Umfeld von Elisabeths Gemeinschaft als Einsiedler lebte und den Verkauf der wohl regelmäßig gespendeten Fische übernahm. Er schloss sich nach ihrem Tod den Franziskanern an. Doch Elisabeths Angehörige blieben skeptisch gegenüber ihrer neuen Lebensform. Während die Thüringer Landgrafenfamilie es jedoch aufgegeben hatte, die aus ihrer Sicht ohnehin auf ihrem Weg in die radikale Armut kaum aufzuhaltende Elisabeth zu behelligen, sah ihr Vater, König Andreas von Ungarn, Handlungsbedarf. Er hatte von den ärmlichen Lebensbedingungen und dem Auftreten Elisabeths gehört und war offenbar der Meinung, dass die Grenze des für eine Königstochter Schicklichen weit überschritten war und dass die Ludovinger ihre Aufsichtsfunktion nicht angemessen wahrnahmen. Verantwortung für die Familie wahrzunehmen war eine Pflicht, der man sich im Mittelalter nicht ohne Ansehensverlust entziehen konnte. Da es den Thüringern nicht gelungen war, war es seine Aufgabe als Vater, dem Treiben im Marburger Hospital ein Ende zu bereiten. Dabei war er sich vermutlich dessen bewusst, dass es schwierig würde, seine Tochter, von deren gut entwickeltem Eigensinn er sich vermutlich ein Bild machen konnte, glich Elisabeth in diesem Punkt doch ihrer Mutter Getrud, zu einem standesgemäßen Leben zu überreden. Deshalb schickte er

„... einen Grafen namens Paviam mit großem Gefolge, um seine Tochter in sein Land zurückzurufen. Er hatte nämlich gehört, sie führe ein trostloses Leben wie eine Bettlerin. Dieser Graf traf sie in Marburg an, wie sie am Spinnrad saß, um Wolle zu spinnen. Vor Verwunderung bekreuzigte er sich und rief: ‚Noch nie hat man eine Königstochter spinnen sehen!‘ Weil sie sich aber in jeder Weise nach Loslösung von der Welt sehnte, ließ sie sich nicht bewegen, mit den Boten ihres Vaters in die Heimat zurückzukehren."

Die ungezähmte Dienerin

Nachdem die Verbindungen zu ihrer Familie nun mehr oder weniger lose geworden waren und Elisabeth niemandem erlaubte, sie zu bevormunden, blieb es ihrem geistlichen Begleiter überlassen, sie zu der Heiligen zu formen, die er bereits in ihr sah. Ihm hatte sie Gehorsam gelobt, und deshalb hatte sie keine Ausrede, um sich seinen Anweisungen zu widersetzen. Eigentlich. Denn die Regungen des Eigenwillens, vor denen die Regel Benedikts so eindringlich warnt, waren auch in Elisabeth mächtig, und so unterlief sie die Vorschriften Konrads, wann immer es ihr möglich war. Vor allem dann, wenn ihr geistlicher Begleiter versuchte, ihre Mildtätigkeit zu zügeln, konnte Elisabeth viel Fantasie entwickeln, um dem Buchstaben, aber nicht dem Sinn nach Gehorsam zu sein. Wenn er beispielsweise anordnete, dass Elisabeth jedem Bettler nicht mehr als ein Stück Brot geben dürfe, gab sie jedem einen Laib – der ja bei Licht betrachtet auch nur ein Stück Brot war. Wenn Konrad sich bemühte, den Kontakt Elisabeths zu den oft von ansteckenden Krankheiten geplagten Patienten auf ein vernünftiges Maß zu beschränken und sie anwies, nicht zugunsten der Armen selbst auf ihr Essen zu verzichten, versuchte er, wie wir sehen werden oft vergeblich, jenen Schutzraum zu schaffen, den ein Kloster bietet, um unnötigen Selbstkasteiungen vorzubeugen.

Ungeachtet der Bemühungen Konrads, sie zur Mäßigung anzuhalten, rieb Elisabeth sich bei der Pflege der Armen und Kranken, die in großer Zahl zu ihrem Hospital strömten, jedoch unaufhaltsam auf. Eine hochansteckende Aussätzige pflegte sie in ihrem eigenen Bett. Sie schlief und aß zu wenig und arbeitete zu viel. Der Raubbau an ihrer Gesundheit war offensichtlich. Konrad versuchte nun, sie zu zwingen, ihren Drang nach Selbstentäußerung zu transzendieren, indem er ihr ihre liebsten Dienerinnen und Freundinnen entzog und sie durch unfreundliche Frauen ersetzte, die ihn über jeden Schritt seiner Schutzbefohlenen unterrichteten. Die Trennung von Isentrud und Guda, deren Letztere sie aus Ungarn mitgebracht hatte, erwies sich als der schwierigste Verzicht, den Konrad Elisabeth auferlegte. Denn natürlich war es für sie ein tiefer Einschnitt, ihre älteste Freundin und Gefährtin gehen zu lassen und stattdessen im Wesentlichen von einem Laienbruder, der die Geschäfte des Hospitals führte, einer aus niederem Stand stammenden Jungfrau und einer zwar vornehmen, aber mehr oder weniger tauben und sehr unfreundlichen Witwe umgeben zu sein, die sie und ihr Tun misstrauisch beäugte. Isentrud berichtet darüber:

„Diese Anordnung traf Konrad aus wohlgemeintem Eifer und mit Absicht. Er fürchtete nämlich, wir würden mit ihr über ihren früheren Glanz sprechen und sie könnte dadurch in Versuchung geraten und ihm nachtrauern. Um sie zur Anhänglichkeit an Gott allein zu führen, entzog er ihr jeden menschlichen Trost, den sie aus unserer Nähe hätte schöpfen können. Magister Konrad gab ihr daher gestrenge Frauen zur Seite, von denen sie vielerlei Bedrängnisse zu erleiden hatte. Sie stellten ihr Fallen und zeigten sie bei Magister Konrad an, sie habe keinen Gehorsam geübt, wenn sie den Armen etwas gab oder durch andere geben ließ.“

Elisabeth gelang es jedoch auch diesmal wieder, Konrads Anweisungen zu umgehen und sich zumindest von Zeit zu Zeit heimlich mit ihren Freundinnen zu treffen.

Übertretungen ahndete Konrad, sobald sie ihm zu Ohren kamen, streng. Schon auf der Wartburg hatte er Elisabeth körperliche Züchtigung verordnet, wenn sie sich seinen Anweisungen widersetzte, und auch in Marburg schlug er sie und ihre Dienerinnen höchstpersönlich mit dem Stock unter Absingen von Bußpsalmen. Für uns heute ist diese Vorstellung abschreckend. Doch was uns als zutiefst mittelalterlich erscheint, ist auch in unserer Zeit noch vor gar nicht allzu langer Zeit praktiziert worden. In Schulen wurde das Schlagen von Kindern erst im Juli 1986 verboten, das Gesetz für alle Schultypen aber erst 1998 durchgesetzt. Begründet wurde die Tatsache, dass in Bayern beispielsweise regelmäßig Lehrern „die Hand ausrutschte", mit dem gewohnheitsmäßigen Züchtigungsrecht oder in der Tradition der Regel Benedikts der mangelnden Einsichtsfähigkeit der Schutzbefohlenen, weswegen an Gymnasien Körperstrafen eher verpönt waren als an sogenannten Volksschulen. Wie normal Gewalt innerhalb der Familie auch heute noch ist, zeigt eine Abstimmung aus dem Jahr 2004 im britischen Unterhaus. Dort lehnten 424 Parlamentsmitglieder die Abschaffung des elterlichen Züchtigungsrechtes ab, nur 75 stimmten dafür, und leichte Schläge, die unter den Begriff „nachvollziehbare Strafen" fallen, sind nach wie vor erlaubt. Deshalb erscheint es nicht allzu weit hergeholt, dass man im Mittelalter zu diesem Thema eine andere Auffassung vertrat und das Schlagen von Kindern und Erwachsenen für gerechtfertigt hielt. Wenn Konrad Elisabeth und ihre Dienerinnen also schlug, wenn sie sich seinen Anordnungen widersetzten, war dies zwar insofern ungewöhnlich, als Elisabeth eine Königstochter und Landesfürstin war. Da sie auf die mit diesen Stellungen verbundenen Privilegien jedoch bewusst verzichtet und sich Konrad im Gehorsam unterstellt hatte, war es üblich und allgemein akzeptiert, dass er sie schlug, wenn sie gegen die von ihm gesetzten Regeln verstieß. Auch ihr Ehemann hätte sie in einem solchen Fall körperlich strafen können. Was die Bestrafungsszenen tatsächlich deutlich machen, ist, dass hier zwei gleich starke, mit unbändigem Willen und ungeheurer Stringenz in der Befolgung ihrer Ziele ausgestattete Persönlichkeiten miteinander rangen. Und wenn man sich die Streitpunkte einmal genau ansieht, ist es doch merkwürdig, dass Konrad Elisabeth schlug, weil sie ihre Gesundheit extrem vernachlässigte, viel zu wenig aß, ihre Kleider verschenkte und in Lumpen herumlief, kaum schlief und sich bei der Pflege der ihr anvertrauten Kranken komplett aufrieb. Was ihm Sorge bereitete, war, dass seine Schutzbefohlene den Tod geradezu zu suchen schien, so rücksichtslos, wie sie mit ihren gesundheitlichen Ressourcen umging. Und er hatte mit seiner Kritik Recht. Denn schließlich hielt Elisabeth der Fülle der Belastungen nicht mehr stand. Sie erkrankte und starb schließlich in der Nacht vom 16. zum 17. November im Kreise ihrer Freunde.

Ein beispielhaftes Sterben

Ihre Dienerinnen schildern, dass Elisabeth ihr eigenes Sterben bewusst wahrnahm und gestaltete. Im Gegensatz zu unserer Zeit, wo Tod und Sterben aus der Gesellschaft ausgegliedert, an Fachleute delegiert werden und viele noch nie einen Menschen haben sterben sehen, fand der Übergang vom irdischen zum ewigen Leben im Mittelalter mitten im Alltag statt. Sterbende zu begleiten folgte einem festgelegten Ritual. Wie es funktioniert, konnte man in fast jeder Kirche sehen. Denn Darstellungen des Todes gibt es im Mittelalter zuhauf. Der Tod war allgegenwärtig und wurde von vielen Kranken als letzte Hilfe ersehnt, die sie endgültig von ihren Leiden erlösen würde. Und wer wie Elisabeth eine besonders enge Beziehung zu Jesus Christus hatte, konnte es durchaus als Vorteil ansehen, endlich ganz und gar mit ihm und ihrem geliebten, viel zu früh verstorbenen Mann Ludwig vereint zu sein. Sofern die sozialen Netzwerke nicht durch Seuchen wie die Pest lückenhaft geworden waren, starben die Menschen im Mittelalter, wo immer es möglich war, nicht allein. Sie waren umgeben von Angehörigen und Freunden, die ihnen in der Sterbestunde beistanden. Im Kreise der Familie zu sterben galt als wünschenswert und normal. Dementsprechend häufig wurde diese Situation auf Tafelbildern oder in Stundenbüchern, wie dem der Katharina von Kleve aus dem 15. Jahrhundert, das in der Pierpont Morgan Library in New York zu sehen ist, abgebildet. Eine andere Sicht der Dinge schildern die Totentänze, die im Rahmen der Bewusstwerdung über den jederzeit gegenwärtigen Tod ab dem 14. Jahrhundert in Mode kamen. Sie zeigen den Tod als denjenigen, der Reiche,

Arme, Kranke und Gesunde gleichermaßen überraschend aus dem Leben reißen kann, und ermahnen die Gläubigen: Lebe wie du, wenn du stirbst, wünschen wirst, gelebt zu haben. Elisabeth hatte genau dies mit einer je nach Standpunkt bewundernswerten, staunen- oder schreckenerregenden Konsequenz getan. Deshalb hatte sie vor dem Sterben vermutlich keine Angst. Ihre Umgebung bestärkte sie darin, dass sie auf einem guten Weg war, und fand genau dies auch nach ihrem Tod bestätigt. Wie in den Fällen anderer Heiliger auch wird von Elisabeth berichtet, dass bei der zweitägigen Aufbahrung kein Leichengeruch auftrat, sondern sich stattdessen der sprichwörtliche *odor virtutum*, der Wohlgeruch der Tugenden verbreitete. Offenbar hatte ihre Umgebung Elisabeth bereits als Heilige wahrgenommen, denn unmittelbar nach ihrem Tod versuchten viele Menschen, sich eine Reliquie von ihr zu beschaffen. Der Reliquienkult war im 13. Jahrhundert zentraler Bestandteil der Heiligenverehrung. Man war überzeugt davon, dass in Körperteilen oder Kleidungsstücken des oder der Heiligen seine oder ihre geistliche Kraft in konzentrierter Form vorhanden sei. Deshalb bemühte man sich um echte oder Berührungsreliquien, also um Gegenstände, die mit dem Heiligen selbst oder seinem Grab in Berührung gekommen waren. Im Falle Elisabeths wurde eine Zeit lang wohlriechendes Öl verkauft, das aus ihrem Sarkophag ausgetreten sein soll. Wie stark die Nachfrage nach Reliquien bereits unmittelbar nach ihrem Tod war, bezeugt die *Vita* Elisabeths:

„Aus Frömmigkeit und um Reliquien von ihr zu haben, lösten oder rissen sehr viele Leute Teilchen von den Tüchern, schnitten ihr Haupthaar und Nägel ab, einige stutzten ihr die Ohren, andere schnitten ihr sogar die Brustwarzen weg."

Bestattet wurde Elisabeth am 19. November, dem Tag, der heute ihr kirchlicher Gedenktag ist. Als ihre Grablege hatte sie schon zu Lebzeiten die Kapelle ihres Hospitals bestimmt. Angesichts der vielen Menschen, die zu ihrer Beisetzung kamen, wurde zum ersten Mal deutlich, wie beliebt Elisabeth gewesen war. Und es waren keineswegs nur die Armen, um die sie sich besonders gekümmert hatte, die ihrem Requiem beiwohnten, auch Bürger und Vertreter des Adels kamen nach Marburg, um dieser besonderen Frau, die mit ihrem Lebensmodell gleichermaßen Zuspruch und Widerspruch hervorgerufen hatte, die letzte Ehre zu erweisen.

Für Konrad wurden die Beisetzungsfeierlichkeiten zur Bühne für das Werben um die Kanonisation seiner Schutzbefohlenen. Denn er hatte Elisabeth nicht nur als geistlicher Begleiter gedient, er hatte in Anerkennung ihres enormen spirituellen Potenzials genau diesen Moment gezielt vorbereitet. Obwohl er selbst nach dem Zeugnis seiner Zeitgenossen ein strenges Büßerleben führte und sich, gerade weil er ebenfalls ein leuchtendes Beispiel für ein Leben in der Nachfolge Christi war, deshalb vielleicht ebenfalls Hoffnungen auf einen Platz in der Schar der Heiligen hätte machen können, stellte er sich ganz in den Dienst Elisabeths. Auf die als finster, gnadenlos und sogar fanatisch beurteilte Gestalt Konrads kann dieses Engagement zumindest ein etwas milderes Licht werfen.

Der schnelle Weg zur Heiligkeit

Seine Bemühungen um Elisabeths Heiligsprechung setzten unmittelbar nach ihrem Tod ein. Wie gewöhnlich nutzte er seinen direkten Draht zum Papst, der sich durch den Schutzbrief für Elisabeth ja ohnehin schon sehr stark persönlich für sie eingesetzt hatte. Konrad konnte sich also zu Recht ein schnelleres Verfahren erhoffen, wenn Gregor diese Heiligsprechung zur Chefsache machte. Es gab aber noch weitere Gründe für den heißen Draht nach Rom, die in diesem Fall darin bestanden, den aus politischen Erwägungen einer Kanonisierung zögerlich gegenüberstehenden Mainzer Erzbischof zu umgehen, womit er diesen prompt verärgerte. Hier zeigt sich wieder einmal die enge Verflechtung zwischen Kirche und Politik im Mittelalter. Viele Bischöfe waren zugleich Landesfürsten, und so wie Heinrich Raspe befürchtet hatte, der ihm feindlich gesinnte Mainzer Oberhirte könne Elisabeth dazu bewegen, ihm die Marburger Befestigungsanlage zu verkaufen, fürchtete der Erzbischof nun, die Ludovinger könnten die Heiligsprechung ihrer einst missliebigen, nun aber politisch auf einmal ungemein nützlichen Schwägerin nutzen, um sich ihm gegenüber einen Standortvorteil zu verschaffen. Der Konflikt um die Grenze zwischen dem Mainzer und dem thüringischen Grenzbereich gärte schon seit Langem und war auch nach der Heiligsprechung Elisabeths nicht vom Tisch. Ganz im Gegenteil. Elisabeths Tochter Sophie war wenige Jahre später sogar in militärische Auseinandersetzungen um diese Grenze involviert. Doch Konrad ließ nicht locker. Sein Vorteil war, dass er kirchenrechtlich in einer gewissen Grauzone arbeiten konnte.

Denn es dauerte viele Jahrhunderte, bis aus der Verehrung der Heiligen infolge allgemeiner Übereinkunft ein Heiligsprechungsverfahren wurde, das juristischen Maßstäben folgt. Die Vorrangstellung einzelner Heiliger und die Hierarchie innerhalb der Heiligen bildeten sich erst im Laufe der Zeit heraus, wie man sehr gut am Beispiel des Petrus, der dem zunächst stärker verehrten Paulus in Rom schließlich den Rang ablief, studieren kann. Dies bedeutet aber nicht, dass die Zugehörigkeit zur Gemeinschaft der Heiligen in einzelnen Fällen nicht überprüft worden wäre. Als Beda Venerabilis im 8. Jahrhundert ein Martyrologium mit 114 Namen zusammenstellte, ging er durchaus kritisch zu Werke. Den Versuch, das Verfahren zu zentralisieren, unternahm bereits Papst Gregor der Große, der die 609 vollzogene Umwandlung des Pantheon zu einer Maria und sämtlichen Märtyrern geweihten Kirche in die Wege leitete, aber erst unter Johannes XV. zeitigte dieses Bemühen mit der Heiligsprechung Ulrichs von Augsburg erste Erfolge. Heiligsprechungen wurden häufig im Rahmen von Synoden vorgenommen, bei denen neben Bischöfen auch weltliche Vertreter teilnahmen. Konrad folgte mit seiner direkten Anfrage in Rom einem neuen Trend. Denn bei der Heiligsprechung der Kaiserin Kunigunde im Jahr 1200 hatte Papst Innozenz III. erstmals für sich in Anspruch genommen, allein für die Kanonisierung verantwortlich zu sein. Die stärkere Zentralisierung kirchlicher Prozesse zeigte sich auch auf anderen Ebenen. Der Beauftragung Konrads als Supervisor des deutschen Klerus, Gregor IX., an den Konrad sich gewandt hatte, nahm die Initiative des von ihm unterstützten Predigers zum Anlass, den päpstlichen Kanonisierungsanspruch 1234 in seiner Dekretalensammlung festzulegen. Das bischöfliche Mitspracherecht oder die Möglichkeit, an Rom vorbei durch einen Ortsbischof eine Heiligsprechung vornehmen zu lassen, war damit ausgeschlossen. Erzbischof Siegfried von Mainz hatte also mehr als einen Grund, verärgert darüber zu sein, dass Konrad mit seinem Anliegen direkt in Rom vorstellig geworden war. Eine kirchenrechtlich noch striktere Form gewann das Heiligsprechungsverfahren durch die vom Trienter Konzil (1545–1563) erlassenen, verschärften Zulassungsbedingungen. Dennoch galten auch im 13. Jahrhundert schon bestimmte Eingangsvoraussetzungen, um ein Kanonisierungsverfahren zu eröffnen, und eine davon war der Nachweis mehrerer Wunder, die auf Fürsprache des oder der angehenden Heiligen geschehen waren. Sie forderte der päpstliche Kaplan, der Konrads Antrag entgegennahm, umgehend an, und die Quellen zeigen, dass die offenbar an diesem Verfahren interessierte Kurie auch mehrmals die Einreichung der entsprechenden Auflistungen anmahnte.

Doch zunächst hatte Konrad einige Probleme damit, Wunderberichte zu erhalten. Denn Elisabeths Leben war zwar von mustergültiger Entsagung gekennzeichnet, offenkundig Übernatürliches hatte sich aber, auch wenn die befragten Zeuginnen, vor allem ihre Dienerinnen, sich sehr bemühten, den Begriff „Wunder" immer wieder in ihre Aussagen einfließen zu lassen, nicht ereignet. Aber dann kam er auf die Idee, wie er die Probleme mit Siegfried, dem Erzbischof von Mainz, und den fehlenden Wunderberichten auf einen Schlag lösen könnte. Er setzte dabei auf die psychokinetische Funktion liturgischer Feiern. Dafür holte der geschickte Planer, der die Heiligsprechung Elisabeths schon lange im Blick hatte, weit aus. Er ließ eine aus den Mitteln Elisabeths finanzierte Kirche bauen und forderte damit das Recht adeliger Stifter ein, in ihren Kirchen bestattet zu werden. Natürlich war die Kirche so konzipiert, dass sie die zu erwartenden Wallfahrer aufnehmen konnte. Anlässlich der Altarweihe, die vorzunehmen der Erzbischof sich nicht weigern konnte, reiste der Mainzer Oberhirte nun an. Als Siegfried am 10. August 1232 nach Marburg kam, hielt Konrad die Festpredigt und nutzte die gute Gelegenheit, die Gemeinde auf das einzustimmen, was er für sein Vorhaben benötigte. Mit bewegten Worten schilderte er das Leben Elisabeths, die aufopfernde Pflege, die sie den Kranken hatte zuteil werden lassen, und die oft unerwarteten Heilungen, die sich dann vollzogen. Als er dann im Anschluss alle aufforderte, der Gemeinde mitzuteilen, welches Wunder sie persönlich erlebt hatten, erhielt er weit mehr als die drei für eine Kanonisierung erforderlichen Wunder. Über sechzig wurden von Siegfried von Mainz und den anwesenden Prälaten für glaubwürdig genug befunden, um dem inzwischen strengen Verfahren standzuhalten. Die bisher spärlich fließenden Wunderberichte hatten sich zu einem rauschenden Bach entwickelt. Nun konnten die notwendigen Dokumente zusammengestellt und Elisabeth in der Rekordzeit von zweieinhalb Jahren heiliggesprochen werden. Nur Franziskus von Assisi und Antonius von Padua können eine kürzere Zeitspanne vorweisen. Siegfried von Mainz, jetzt in der ehrenvollen Funktion als Promotor Elisabeths, stellte nun seinerseits den Antrag auf Kanonisierung und konnte sich endlich angemessen beteiligt fühlen. Konrad lieferte mit seiner komprimierten Lebensbeschreibung, der *Summa vitae*, die die innere und äußere Entwicklung Elisabeths in jenen Jahren von 1226 bis zu ihrem Tod 1231 umfasste, in der Konrad ihr geistlicher Begleiter war, nur noch das Material.

Dass der geschickte Netzwerker mit dieser Funktion vollkommen zufrieden war, spricht dafür, dass es Konrad wirklich um die Sache und nicht um Macht und Einfluss ging. Papst Gregor würdigte die gefundene Einigung, indem er am 13. und 14. Oktober 1232 beide, Erzbischof Siegfried und Konrad von Marburg, gemeinsam mit Abt Raimund von Eberbach damit beauftragte, die Zeugen zu vernehmen, die von den ihnen erwiesenen Wundertaten berichtet hatten. Dass Gregor das ordentliche Kanonisierungsverfahren einen entscheidenden Schritt vorangebracht hat, zeigt sich nicht nur an der gründlichen Vorgehensweise der doppelten Befragung, sondern auch an dem durch ihn zur Verfügung gestellten Formular, das Siegfried, Konrad und Raimund ein einheitliches Vorgehen ermöglichte. Die drei Beauftragten vernahmen, jeweils unterstützt durch einen Notar, in den kommenden Monaten nun über 600 Zeugen und schickten ihre versiegelte Dokumentation Anfang 1233 zu Gregor. Es wird dem Tempo des Verfahrens nicht geschadet haben, dass der angesichts der zahllosen Vernehmungsstunden unter heftigen Rückenschmerzen leidende Abt Raimund selbst auf Fürsprache Elisabeths Heilung erfuhr und so vom Vernehmer zum Zeugen wurde.

Bemerkenswert an den Wunderberichten ist, dass die Hälfte der Heilungen, die auf die Fürsprache Elisabeths erfolgten, Kinder betreffen. Ihre Liebe zu Kindern und die Fürsorge, die sie ihnen angedeihen ließ, müssen für die Zeitgenossen so offenkundig gewesen sein, dass die Eltern kranker Kinder weite Pilgerwege auf sich nahmen, um am Grab Elisabeths zu beten. Ein dokumentiertes Heilungswunder betrifft ein achtjähriges Mädchen namens Adelheid aus dem Kreis Eschwege, das sich nach einer schweren Erkrankung nicht mehr bewegen konnte. Die Mutter Adelheids unternahm gemeinsam mit ihrer immer noch gelähmten Tochter die hundert Kilometer lange Reise nach Marburg, betete gemeinsam mit dem Kind am Grab, und von diesem Moment an setzte Adelheids Genesungsprozess ein. Der Vater des Kindes war so beeindruckt, dass er selbst gemeinsam mit dem Dorfpfarrer und dem Schultheiß nach Marburg reiste, um das Wunder vor der Kommission zu bezeugen. Andere Heilungsberichte stammen von Menschen aus Koblenz, Ahrweiler, Köln, Dortmund, dem Kloster Ame-

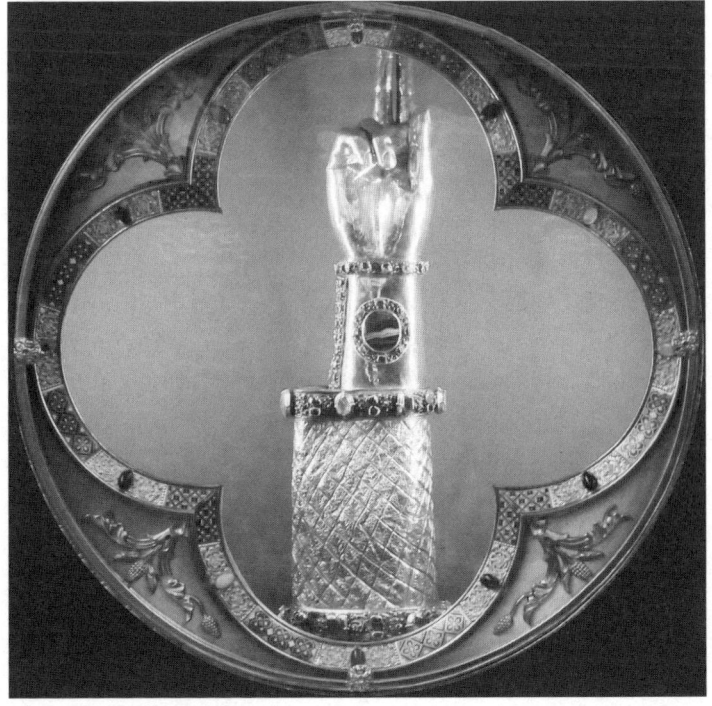

Armreliquie der hl. Elisabeth

lungsborn, Meiningen, Gelnhausen, Dilsberg und Worms. Sie machen deutlich, wie bekannt Elisabeths Wirken trotz ihres relativ kurzen Lebens gewsorden war.

Durch die Ermordung Konrads im Juli desselben Jahres geriet der Prozess jedoch zunächst ins Stocken. In dieser Zeit änderte sich allerdings die Stellung der Thüringer Landgrafenfamilie zu Elisabeth. Denn ihr Schwager Konrad wurde am 18. November 1234 Mitglied des Deutschen Ordens. Seine Bereitwilligkeit zur Karriereplanung stand im krassen Gegensatz zu der Elisabeths, und tatsächlich wurde er schon fünf Jahre nach seinem Eintritt Hochmeister des Ordens. Aber seine verstorbene Schwägerin war angesichts ihrer enormen Popularität in der Bevölkerung für ihn nun vom familiären Ärgernis zur nützlichen Fürsprecherin geworden. Deshalb setzte Konrad von Thüringen, dessen Namensgleichheit mit Elisabeths Mentor ihm nützlich gewesen sein mag, sich bei einem Aufenthalt an der Kurie für eine Übertragung der Spitalkirche in Marburg an den Deutschen Orden ein und setzte sich damit selbst an die Spitze der Bewegung derjenigen, die für die Heiligsprechung der Hospitalgründerin eintraten. Und er hatte Erfolg. Die Übertragung der Spitalkirche erfolgte am 1. Juli 1234, und am 11. Oktober desselben Jahres setzte Papst Gregor die Heiligsprechungskommission erneut ein. Deren Leiter wurde nun ein weiterer Träger des Namens Konrad, der Bischof von Hildesheim. Man könnte meinen, dass dies Erzbischof Siegfried von Mainz düpiert hätte, aber dies war nicht der Fall. Der Oberhirte, der sich vor allem als staufischer Reichspolitiker sah – war er doch neben seiner bischöflichen Funktion Erzkanzler des Heiligen Römischen Reiches Deutscher Nation –, war zu diesem Zeitpunkt schlicht zu beschäftigt. Denn Heinrich, der gekrönte Nachfolger des Stauferkaisers Friedrich II., hatte sich 1234 nicht nur mit den nach mehr Mitsprache bei der Regierung ihres Landes verlangenden Fürsten angelegt, sondern auch den Aufstand gegen seinen mächtigen Vater geprobt, wofür er sich um die Unterstützung Siegfrieds bemüht hatte, die dieser ihm aber nicht gewährte. Ein aus seiner Sicht nachrangiges Kanonisierungsverfahren in der Provinz stand schlicht nicht auf Siegfrieds persönlicher Agenda, auch wenn er es weiterhin unterstützte. Konrad von Hildesheim setzte für den 1. Januar 1235 eine erneute Vernehmung der früheren Hofdamen Isentrud und Guda sowie der Dienerinnen in Elisabeths Hospital, Irmgard, Elisabeth und Hildegundis an. Die Ergebnisse dieser Aussagen wurden, ergänzt durch die inzwischen auf 129 angestiegene Zahl der Berichte über bezeugte Wunder, von Elisabeths Schwager Konrad überbracht und in einem Konsistorium in Perugia geprüft, wo der Papst zu diesem Zeitpunkt residierte. Die Aufnahme Elisabeths in die Schar der Heiligen wurde am 27. Mai 1235 in der Dominikanerkirche von Perugia verkündet. Drei Tage später gewährte der Pontifex dem Deutschen Orden einen Ablass und übergab ihm auf diesem Wege die Verantwortung für die künftigen Wallfahrten zu Elisabeths Grab und die Unterhaltung der damals bereits geplanten Elisabethkirche. Die Ausstellung der Bulle über die Kanonisierung erfolgte wenig später, am 1. Juni desselben Jahres. Welchen Rang Elisabeth einnahm, wird an der beeindruckenden Feier der Erhebung ihrer Gebeine zur Ehre der Altäre deutlich, die am 1. Mai 1236 begangen wurde. Allein die Gästeliste zeigt, dass hier ein Ereignis von überregionaler Bedeutung stattfand. Neben dem für Marburg zuständigen Erzbischof von Mainz waren die Oberhirten von Trier, Köln und Bremen angereist. Reichspolitisch zeichenhaft aber wurde die Erhebung durch die Anwesenheit des Stauferkaisers Friedrichs II., der die Gelegenheit ergriff, eine Heilige zu ehren, die eine Spiritualität lebte, von der er selbst sich ebenfalls angezogen fühlte. Als Friedrich II. starb, hatte er zuvor verfügt, ohne Amtsinsignien, sondern in der einfachen Kutte eines Zisterziensers bestattet zu werden, eines Reformordens, der auf Schlichtheit setzte und in den Friedrich sich hatte aufnehmen lassen. Gut möglich, dass Friedrich angesichts der vielen Auseinandersetzungen um die Macht, die er zu diesem Zeitpunkt schon hinter sich hatte, ein wenig neidvoll auf Elisabeth blickte, die mit bemerkenswerter Gradlinigkeit der Stimme ihres Herzens gefolgt war. Er stiftete dem Gedenken seiner Seelenverwandten eine Krone und eine Achatschale, die in das Reliquiar eingearbeitet wurden, das Elisabeths Schädel aufnahm. Es verblieb bis 1367 nachweislich in Marburg und befindet sich heute höchstwahrscheinlich im historischen Museum von Stockholm.

Eine Heilige, viele Bilder

Heiligenbilder folgen im Mittelalter ebenso wie Heiligenviten einem festgelegten Muster. Ihnen liegt eine aus Symbolen zusammengesetzte Sprache zugrunde, die es zu entschlüsseln gilt, will man die Botschaft des Bildes verstehen. Eines der Elemente dieser Symbolsprache ist die Zuordnung eines Symboles, das mit dem Leben und der spirituellen Ausrichtung des jeweiligen Heiligen zu tun hat. So wurde das Schwert zum Erkennungszeichen des Apostels Paulus. Zum einen, weil er, als römischer Bürger zum Tod verurteilt, das Martyrium nicht am Kreuz, sondern durch das Schwert erlitt, zum anderen aber auch, weil er ein ausgezeichneter Prediger und Autor vieler Briefe war, dessen geistige Schärfe man im Schwert abgebildet sah. Die heilige Barbara wird oft mit dem Turm abgebildet, in den ihr heidnischer Vater sie sperrte, aber ebenso oft mit dem Kelch, der ihre Liebe zur Eucharistie versinnbildlicht. Wenn ein Heiliger eng mit einer bestimmten Kirche verbunden war, wird auch sie in den Symbolkanon aufgenommen, der den Künstlern bei ihrer Darstellung zur Verfügung steht. Deshalb sieht man die Kaiserin Kunigunde, die sieben Jahre vor Elisabeths Geburt heiliggesprochen wurde, mit dem Bamberger Dom, dessen Gründung auf sie und ihren Mann, Kaiser Heinrich, zurückgeht, oder bei ihrem Lauf über glühende Kohlen bzw. Sicheln, einem Gottesurteil, bei dem sie sich vom Verdacht des Ehebruches reinigte, abgebildet.

Die Ikonografie der Heiligen Elisabeth nimmt die Stationen ihres Lebens auf. Zahlreiche Darstellungen zeigen Elisabeth in kostbarer Gewandung, Bedürftigen helfend, ebenso viele präsentieren sie als Hospitalschwester in einfacher Kleidung. Oftmals werden die Abbildungen der Heiligen mit der Botschaft des Evangeliums vernetzt, dessen Forderungen Elisabeth so radikal folgte. So zeigt das Tympanon des Südportals der Spitalkirche in Ochsenfurt, das um 1450 entstanden ist, Elisabeth bei der Verrichtung der Werke der Barmherzigkeit. Sie beherbergt einen Fremden, besucht einen Gefangenen, pflegt einen Kranken und speist Arme. Da sie Letzteren natürlich auch zu trinken gab und sie oft mit ihrer eigenen Gewändern kleidete, umfasst diese exemplarische Aufzählung das gesamte Spektrum der Werke der Barmherzigkeit und diente den durch das Südportal in die Spitalkirche eintretenden Besuchern als Wegweisung für ihr eignes Tun.

Die drei Kronen, die sie auf manchen Abbildungen in der Hand trägt, stehen für die Krone der Heiligkeit, die sie in mehrfacher Hinsicht, nämlich als Jungfrau, Ehefrau und Witwe, erworben hat, symbolisieren aber zugleich die Dreiheit von Königstochter, Landgräfin und Heiliger. Ihre Abbildungen findet man schwerpunktmäßig in Hospitälern oder den zu ihnen gehörenden Kirchen und Kapellen, da man sich an Orten wie diesen natürlich besonders an ihrem Vorbild orientierte. Weitere Attribute auf Darstellungen der Heiligen sind das Buch – gemeint ist hier natürlich das Evangelium, an dem sie sich orientierte –, das Zepter, das ihren Stand als Fürstin versinnbildlicht, ein Kleid, das sie an Arme verschenkt, ein Teller mit zwei Fischen, ein Krug oder eine Kanne, aus denen sie die Durstigen tränkte, oder einige runde Brote.

Oftmals sind in Hospitalkirchen ganze Bilderzyklen zu betrachten, die Elisabeths Lebensweg, vor allem aber ihre unermüdliche Sorge für die Kranken darstellen. Der erste dieser

Zyklen entstand bereits im 13. Jahrhundert für den Schrein der Marburger Elisabethkirche und das Elisabeth-Fenster, die meisten stammen aber aus dem 15. Jahrhundert. In der katholischen Pfarrkirche St. Maria Magdalena in Münnerstadt zeigt ein um 1410 entstandenes Glasfenster auf 16 Scheiben acht Szenen aus dem Leben Elisabeths.

Eine besonders ausführliche Würdigung von Elisabeths Leben ist der Lübecker Elisabeth-Zyklus von 1440 im Heilig-Geist-Hospital. Seine 28 Szenen vermitteln einen tiefen Eindruck von der Radikalität der Christusnachfolge der Heiligen. Er beginnt mit dem sagenhaften Sängerwettstreit auf der Wartburg, bei der Meister Klingsor die Geburt Elisabeths in Ungarn vorhersagt. Die zweite Szene zeigt die Geburt selbst und die Versorgung von Mutter und Kind durch befreundete Frauen, so wie es im Mittelalter üblich war. Die nächsten vier Szenen bringen die Verhandlungen von König Andreas mit den Thüringer Landgrafen und die Reise Elisabeths auf die Wartburg ins Bild. Dass der in einem separaten Wagen verladenen Mitgift Elisabeths eine eigene Bildtafel gewidmet ist, zeigt das Interesse der Lübecker Handelsleute an den pekuniären Aspekten der Vereinbarung. Höfisches Leben wie die Verlobungsfeier gleich nach der Ankunft der Vierjährigen, die den Vertrag der beiden Elternhäuser bekräftigte, und kindlicher Alltag sind ebenso Thema des Zyklus wie die Ermordung von Elisabeths Mutter und die offensichtliche Frömmigkeit der zur jungen Frau Herangewachsenen. Das Fasten an vollen Tischen und das Tragen einfacher Wollkleider anstelle der festlichen Seidengewänder sind erste Provokationen, für die Elisabeth ermahnt wird. Aber auch dann, wenn sie selbst in den Augen ihr wohlwollend gesinnter Familienmitglieder wie ihrer Schwiegermutter Sophie, zu weit ging, als sie bei einem Besuch der Familie in Naumburg sofort einen Aussätzigen in Pflege nahm und diesen in das Bett ihres Gemahls legte, ist die Summe positiv. Denn der von der verärgerten Sophie herbeigerufene Landgraf sieht in dem armen Kranken jenen Christus, den Elisabeth in ihm aufgenommen hatte.

Im Elisabethdom zu Kaschau in der Slowakei befindet sich ein Ende des 15. Jahrhunderts geschaffener Hochaltar mit zwölf Szenen aus dem Leben der Heiligen. Der von Bernt Notke 1483 für das Heilig-Geist-Spital geschaffene Hochaltar ist heute im Dom von Reval zu sehen. Der Wandfries mit 14 inzwischen grundlegend restaurierten Bildern, der in der Deutschordenskirche in Frankfurt-Sachsenhausen zu sehen ist, stammt aus dem 16. Jahrhundert. Bemerkenswerte Zeugnisse der Elisabeth-Verehrung sind auch die gewirkten Teppiche aus den Klöstern in Wienhausen und St. Marienberg in Helmstedt. Sie entstanden in der zweiten Hälfte des 15. Jahrhunderts. Wienhausen ist auch der Entstehungsort eines um 1460 zusammengestellten, nach dem Kloster benannten Liederbuches, in dem sich auch ein Elisabeth-Lied befindet, das die Trennung Elisabeths von ihrem Mann beschreibt, der sich zum Kreuzzug ins Heilige Land aufmacht.

Einzeldarstellungen in Kirchen oder auf Altären finden sich häufig in Kirchen, die in Verbindung mit dem Deutschen Orden standen, oder natürlich in solchen, deren Patronin sie ist. In der Landgrafschaft Hessen, deren Schutzpatronin Elisabeth als Heilige wurde, prägte man ab dem frühen 16. Jahrhundert auch Münzen mit ihrem Abbild. Je mehr Orden oder weltliche Personengruppen sich Elisabeth als Patronin wählten, desto mehr Darstellungen der Heiligen kursierten. Elisabeth ist die Patronin der barmherzigen Schwester, die auch Elisabethinerinnen genannt werden, des dritten Ordens der Augustinerinnen, der Kranken, der Bettler, der Spitzenmacherinnen, der Bäcker und seit dem 19. Jahrhundert auch die Patronin der Caritas.

Elisabethdom in Kaschau (Košice)

Vom Oratorium bis zum Musical –
Die Rezeption Elisabeths in der Musik

Nachdem Elisabeth heiliggesprochen worden war, entstanden für sie, wie für alle neuen Heiligen, liturgische Gesänge zu ihrer Verehrung. Ein Beispiel hierfür ist das Lied *Quasi stella matutina*, dessen Melodie heute in Verbindung mit dem Text *Josef, lieber Josef mein* bekannt ist. Das ehrende Gedenken an die spirituellen Vorfahren ist schon immer ein Motor für die Entstehung neuer Musik gewesen. So verdankt sich ein Großteil der Gesänge Hildegards der Tatsache, dass Gesänge zur Verehrung eben jener Heiligen benötigt wurden, für deren Gedenkgottesdienste sie Antiphonen, Responsorien, Hymnen und Sequenzen komponierte, und die Äbtissin wurde auch direkt angefragt und um neue Kompositionen gebeten. Elisabeth erwies sich über die Jahrhunderte hinweg als Inspiration für Komponisten. Franz Liszt, der als Abbé zahlreiche kirchenmusikalische Werke schrieb, nahm die Lebensbeschreibungen der Heiligen zum Anlass, aus der *Legende der heiligen Elisabeth* ein Oratorium für Soli, gemischten Chor und Orchester zu kreieren. Die Anregung dafür kam von Caroline zu Sayn Wittgenstein, die eine erste Skizze verfasste und Liszt dann einen Librettisten vermittelte.

Der Komponist berichtet, dass er sich seit 1854 mit dem Stoff beschäftigt und drei Jahre später mit der Arbeit an seinem Oratorium begonnen hatte, mit dem er sich bis 1862 beschäftigte. Es entstanden zwei Fassungen: eine in ungarischer Sprache, die am 18. August 1865 in Pest unter der Leitung des Komponisten uraufgeführt wurde, und die deutsche Originalversion, die am 24. Februar 1866 unter der Leitung von Hans von Bühlow in München erklang. Weitere vielbeachtete und das Lebensbeispiel Elisabeth bekannt machende Aufführungen erfolgten im Herbst 1866 in Prag unter der Leitung von Liszts Komponistenkollegen Bedrich Smetana und – wiederum unter Leitung des Komponisten anlässlich der 800-Jahr-Feier der Wartburg im Festsaal der Burg.

Die Soloparts bringen die Stimmen Elisabeths, ihres Mannes Ludwig sowie die von Landgraf Hermann, seiner Frau Sophia und dem Stauferkaiser Friedrich II. zum Klingen. Kleinere Solopartien übernehmen – gewissermaßen als „Stimmen von der Basis" – der ungarische Botschafter und der Burgverwalter. Als gebürtiger Ungar fühlte der Komponist sich Elisabeth aufgrund ihrer Herkunft verbunden. Das Libretto von Otto Roquette, das Franz Liszt seinem Oratorium zugrunde legte, gibt die historische Situation allerdings nicht korrekt wieder. Die Ehe von Elisabeth und Ludwig wird als eher unglücklich geschildert und Elisabeths Sorge für die Armen als Flucht aus einer als einengend empfundenen Beziehung dargestellt. Diese inhaltliche Verzerrung ist erstaunlich, denn es war gerade die offenkundige Liebe zwischen den jungen Eheleuten, die in einer Gesellschaft, in der politisch motivierte eheliche Verbindungen die Norm waren, die Aufmerksamkeit der Zeitgenossen erregte. Landgräfin Sophie, die den Quellen zufolge eine gute Beziehung zu Elisabeth hatte und diese auf ihrem Weg maßgeblich unterstützte, wird als böse Schwiegermutter gezeichnet, die Elisabeths Freigebigkeit von Anfang an kritisch gesehen hat und die ungeliebte Frau ihres verstorbenen Sohnes bei Nacht und Nebel ohne ihre Kinder in ein Gewitter hinausjagt. Die Erinnerung an das ferne Ungarn, in das Elisabeth

in Gedanken flieht, spiegelt wohl eher die Sehnsucht des rast-
los in der Welt herumreisenden Komponisten Franz Liszt als
die Träume Elisabeths, für die die Wartburg seit ihrem vierten
Lebensjahr ihr Zuhause gewesen war und die vermutlich nur
wenige Erinnerungen an ihr Herkunftsland hatte. Liszts Oratorium zeigt deutlich, dass die Rezeption einer Person und ihres Wirkens von den Projektionen derer, die sich mit ihr ausei-
nandersetzen, nicht zu trennen ist.

Formal geht Roquette mit seinem Libretto ebenfalls neue
Wege. Denn der Text entspricht nicht den Kriterien für ein Oratorium, da ihnen eine durchgängige Handlung fehlt. Der Text-
dichter arbeitet stattdessen mit einzelnen, opernhaft konzipierten Szenen. Möglicherweise hat Roquette sich strukturell
an den Fresken Moritz von Schwinds auf der Wartburg orientiert, die das Leben Elisabeths in Szene setzen. Deutlich ist,
dass sowohl von Schwind als auch Roquette auf die starken
Kontraste setzen, die kennzeichnend für das Leben Elisabeths
sind. Für einen Komponisten ist eine so farbenreiche Präsen-
tation natürlich von Vorteil, legt sie doch ein breites Spektrum
von Ausdrucksmöglichkeiten nahe.

Musikalisch setzt Liszt die verschiedenen Ebenen von Elisabeths Leben durch die Verwendung höfisch repräsentativer
oder schlichterer Instrumentalisierung idealtypisch um und
verwendet sein thematisches Material leitmotivisch im Sinne
Richard Wagners. Das bedeutet, dass jeder der handelnden
Personen ein melodisches Motiv zugeordnet wird, das gleichsam als Erkennungsmelodie fungiert. Mit der Verwendung der
Besetzungstypen der *Musica alta* und *Musica bassa*, also der
festlichen Bläsermusik für die Szenen bei Hofe und der zarten
Flötenklänge für das Leben in Marburg, greift Liszt auf die

Tonsprache der mittelalterlichen Stadt- und Hofmusiker zurück, die gehalten waren, für jedes gesellschaftliche Ereignis die adäquate Musik zu präsentieren. Klangräume wurden auf diese Weise zur akustischen Kennung dafür, welches Ereignis zu erwarten war. Erklangen Trompeten, so war allen bewusst, dass eine hochgestellte Persönlichkeit sich nahte. Hörte man Flötenspiel, so dachte man eher an eine ländliche, bukolische oder zumindest eine private Szene. Seine exzellente Kenntnis der musikbezogenen Rezeptionsgeschichte Elisabeths zeigt Liszt durch die Verarbeitung der in den mittelalterlichen Liturgien zu Ehren der Heiligen gesungenen Melodie von *Quasi stella matutina*, der er das Motiv für die Einleitung der Ouvertüre seines Oratoriums entnahm.

Ein weiteres Elisabeth-Oratorium, das 1931 in Kassel uraufgeführt wurde, stammt aus der Feder von Joseph Haas. Der am 19. März 1879 in Maihingen geborene und am 30. März 1960 in München gestorbene Komponist und Musikpädagoge sah die Vermittlung von Lebensbeispielen wie dem von Elisabeth als eine wichtige Aufgabe an. Obwohl er selbst der Tonalität verpflichtet blieb und ungeachtet seiner engen Kontakte zu Max Reger, mit dem er gemeinsam in Leipzig Komposition studiert hatte und der ihn auch im Hinblick auf seine Tonsprache prägte, sind die Werke von Haas eingängiger und publikumsorientierter. Dennoch sah er sich in der Zeit des Nationalsozialismus Verfolgungen ausgesetzt, weil er Werke zeitgenössischer Musiker aufführte, die ebenso wie zeitgenössische Kunst als entartet galten, und sich offen zur katholischen Kirche bekannte.

1984 entstand als drittes geistliches Musikspiel nach *Ave Eva* und *Franz von Assisi* die textliche und musikalische Würdigung der Heiligen durch Prälat Alois Albrecht und Peter Janssens.

Als Texter und Musiker prägten Albrecht und Janssens in den 1960er- bis in die späten 1990er-Jahre das Neue geistliche Lied. Mit ihrem Musical gaben sie der Elisabeth-Geschichte ein modernes Text- und Klanggewand, das nicht nur Kinder und Jugendliche begeisterte, sondern zu einer vertieften Beschäftigung mit der mittelalterlichen Heiligen in allen Altersschichten der christlichen Gemeinden führte. Konzeptionell sind die Musicals von Janssens, der auch Hildegard von Bingen oder Dietrich Bonhoeffer auf diese Weise proträtierte, deshalb besonders interessant, weil sie jungen Menschen verschiedener Begabungsebenen die Beteiligung ermöglichen. Einfache Chorrollen und „Ohrwürmer", die alle zum Mitsingen einladen, wechseln mit anspruchsvolleren Solopartien ab, bei denen leistungsfähigere junge Sänger sich präsentieren können. Heilige als lebendige Wegweiser zu einem gelingenden Leben zu präsentieren war Janssens wichtig, obwohl seine, die katholische, Kirche es dem Musiker nicht immer leicht gemacht hat. In den 1960er-Jahren war das Neue geistliche Lied eine von vielen misstrauisch beäugte Innovation – ähnlich provokativ wie das Verhalten von Elisabeth, die, an vollen Tischen fastend – als Korrektiv gewirkt hat. Mit seinen Musicals über bedeutende Persönlichkeiten der Kirchengeschichte hat Janssens ein ungewöhnlich präzises Gespür dafür bewiesen, welche Aspekte der Nachfolge Christi die Kirche noch stärker beachten sollte, wirken seine Kompositionen doch wie ein Spiegel, der auf zeitgenössische Entwicklungen reagiert. Der Musiker, der so allgemeinverständlich und mitreißend komponieren konnte, verstand sich selbst als Mystiker, als einen zurückgezogen schauenden, der mit seinen Liedern sensitiv auf die Zeitereignisse reagierte. Ähnliches gilt für den ihm eng verbundenen Poeten und Generalvikar Alois Albrecht, der seine Weltwahrnehmung in verdichteter Sprache fokussiert und dabei sowohl seinen Finger in Wunden der Zeit legt als auch mit seinen Worten eine heilende Wirkung entfaltet.

2007 entstand im Auftrag der auf historische Stoffe spezialisierten Spotlight Music Produktion ein Musical, das Elisabeths Leben unter dem Titel *Elisabeth – Die Legende einer Heiligen* auf die Bühnen in Eisenach und Marburg brachte und über drei Spielzeiten hin präsentierte.

2017 texteten und komponierten Claus-Peter März und Kurt Grahl anlässlich des 175. Gründungstages der Schwestern von der heiligen Elisabeth, dem 810. Geburtstag der Heiligen und dem in ökumenischer Verbundenheit mitgefeierten Gedenken an 500 Jahre Reformation das Elisabeth-Oratorium, das von den Schwestern sowie Sängerinnen und Sängern aus der evangelischen Nachbargemeinde des Konventes am 8. Juli 2017 in der Kapelle Schlachtensee in Berlin uraufgeführt wurde. Der Theologieprofessor März und der Leipziger Kirchenmusikdirektor Grahl verstehen ihr Werk, das auch die Bereiche Schauspiel und Tanz mit einbezieht, und den Titel ihres schon zuvor entstandenen Liedes *Wenn das Brot, das wir teilen, als Rose blüht*, trägt, als Annäherung an die heilige Elisabeth und konzipierten es bewusst in einer größeren und einer auch in kleineren kirchenmusikalischen Verhältnissen realisierbaren Fassung.

An die Wurzeln gehen – Radikale Nachfolge Jesu mit Elisabeth

Elisabeths Lebens strahlte nicht nur auf ihre Zeitgenossen, sondern darüber hinaus weit in die Kirchengeschichte aus. Eine der Frauen, die sich auf die Spuren Elisabeths begaben, war die am 9. September 1571 in Aachen geborene Apollonia Radermecher, deren Vater ein wohlhabender Kaufmann war. Sie nutzte ihr Vermögen, um in Herzogenbusch ein Haus zu kaufen, das nach dem Vorbild des Marburger Hospitals den Kranken und Armen als Zufluchtsstätte diente. Ihre Heimatstadt Aachen wurde auf die effiziente Fürsorge aufmerksam, die Apollonia und die mit ihr gemeinsam in der Krankenpflege tätigen Frauen ausübten, und machten sie am 13. August 1622 zur Gasthausmeisterin des städtischen Armenspitals. Dieser Tag gilt als Gründungsdatum des Ordens der Elisabethinen, dessen vollständiger Name Ordo Sorores Hospitalariae Sanctae Elisabethae T. O. S. Franzisci lautet. Die Schwestern sind Teil der Franziskaner-Tertiaren, des Dritten Ordens des heiligen Franziskus. Apollonia legte am 5. Mai 1626 die Ordensgelübde ab und starb am 31. Dezember desselben Jahres. Ihre Gebeine befinden sich seit dem 13. August 1953 in der Klosterkirche der Elisabethinen in Aachen. Die Elisabethinen gründeten nach Aachen Niederlassungen in Düren, Luxemburg, Graz, Wien, Klagenfurt, Prag, Breslau, Linz, Kaaden, Straubing, München, Ciezyn, Brünn, Bratislava, Budapest, Neuburg an der Donau, Jablunkov, Münsterberg, Humbold in Kanada und Bad Kissingen. Große Krankenhäuser der Kongregation befinden sich heute in Wien, Linz, Klagenfurt und Graz.

Elisabeth-Mosaik in Wien

Dass die Nachfolgerinnen Elisabeths auf ebenso steinigen Wegen wandelten wie ihr Vorbild, die unangepasste Fürstin aus
dem Mittelalter, zeigt auch die Geschichte der Gründung der
Kongregation der Schwestern von der heiligen Elisabeth. Sie
geht auf das Jahr 1842 zurück. Im schlesischen Neiße, einer katholischen Stadt, die man einige Jahrzehnte später, als der selige Bernhard Lichtenberg dort als Kaplan wirkte, das schlesi-
sche Rom nannte, sahen vier Frauen Handlungsbedarf. Clara
Wolff, Franziska Werner, Maria und Mathilde Merkert konnten das Elend der Kranken nicht mehr mit ansehen. Und das

hatte gute Gründe. Denn wer in der ersten Hälfte des 19. Jahrhunderts krank wurde, zählte schon bald auch zu den Armen. Lohnfortzahlung im Krankheitsfall oder eine Versicherung gab es nicht. Wer nicht arbeiten konnte, hatte auch nichts zu essen, und das galt, wenn es den Hauptverdiener traf, dann für die gesamte Familie. Wem es aber an Geld für Essen fehlt, der gibt nichts für teure Medikamente aus. Die Krankheit dauert dann länger, verschlimmert sich oder führt gar zum Tod. Die vier Frauen beschlossen, etwas dagegen zu tun und die Kranken als Ausdruck ihres religiösen Lebens ambulant zu Hause zu pflegen. Unterstützung von ihrer Kirche bekamen sie dafür nicht. Im Gegenteil: Sie wurden, wie es fast allen Frauen widerfuhr, die im Laufe der Geschichte etwas Sinnvolles außerhalb schützender Grenzen von Familie oder Kloster tun wollten, angefeindet und in ihrem Engagement behindert. Tatsächlich dauerte es 17 Jahre, bis der für die Stadt Neiße zuständige Fürstbischof von Breslau, Heinrich Förster, die Gemeinschaft, die sich damals nach der Farbe ihres Habits noch Graue Schwestern von der heiligen Elisabeth nannten, anerkannte. Clara Wolff und Mathilde Merkert waren zu diesem Zeitpunkt schon an den Strapazen, die die Pflege oft ansteckender Kranker mit sich brachte, gestorben. Maria Merkert und Franziska Werner aber arbeiteten unermüdlich weiter und wurden die ersten Generaloberinnen der Gemeinschaft. Und sie setzten nicht nur als Pflegerinnen Akzente. Maria Merkert sorgte auch für eine Organisationsstruktur, die es ermöglichte, die finanziellen Mittel für ihre Arbeit zu sichern und die deren Rechtssicherheit gewährleistete. Dafür gründete sie am 8. Januar 1864 in Neiße die Katholische Wohltätigkeitsanstalt zur heiligen Elisabeth. Und da die Schwestern mit der aufopfernden

Pflege der im dänischen Krieg verwundeten Soldaten überregional Aufmerksamkeit erregt hatten, verlieh der preußische König Wilhelm der Gründung am 23. Mai desselben Jahres die Korporationsrechte und machte die Katholische Wohltätigkeitsanstalt zur juristischen Person. Bis heute ist sie eine Stiftung öffentlichen Rechts und als Rechtsträgerin von Krankenhäusern und Altenheimen aktiv. 2013 schloss die Katholische Wohltätigkeitsanstalt zur heiligen Elisabeth sich mit der Kirchlichen Stiftung St. Bernward Hildesheim zum Elisabeth-Vinzenz-Verbund zusammen. Die Arbeit der Kongregation der Schwestern von der heiligen Elisabeth erhielt nicht nur finanziellen Zuspruch, viele Frauen schlossen sich ihr im Laufe der Jahre an. Hatten 1842 vier Schwestern ohne Unterstützung und quasi im rechtsfreien Raum mit der Pflege der Kranken begonnen, so waren es 1875 bereits 468. Es ist kein Wunder, dass selbst der Kulturkampf ein solches Feuer nur ein wenig eindämmen, aber nicht löschen konnte, denn um 1900 hatten die Schwestern, die 1887 zu einer Kongregation päpstlichen Rechts ernannt worden waren, schon fast 2000 und 1939 über 4800 Mitglieder. Heute arbeiten die Schwestern, deren Mutterhaus sei 1890 in Breslau ist, in Polen, Russland, der Ukraine, Georgien, Litauen, Tschechien, Dänemark, Schweden, Norwegen, Deutschland, Israel, Brasilien und Bolivien. Da die Zahl der Schwestern rückläufig ist, wurden die Niederlassungen in Estland, Lettland, Ungarn, Malawi, der Schweiz und den USA geschlossen. Deutschland verfügt heute über eine Provinz, deren Haupthaus in Berlin liegt.

Elisabeth und wir

Die Beschäftigung mit den Heiligen ist immer auch ein Spiegel der Zeitgeschichte. Dies gilt besonders für die großen Gedenktage. Das war auch so, als die Frauenrechtlerin Elisabeth Busse-Wilson 1931 anlässlich von Elisabeths 700. Todestag ihr Buch *Das Leben der heiligen Elisabeth von Thüringen: Das Abbild einer mittelalterlichen Seele* veröffentlichte. Sie wählte einen gänzlich anderen Ansatz für ihre Darstellung der Persönlichkeit Elisabeths als die eher typologisierenden Heiligenviten. Doch der Zerrspiegel, als den man ihre an der Psychoanalyse Sigmund Freuds ausgerichtete Beschreibung Elisabeths bezeichnen könnte, zeigt ein nicht weniger unrealistisches Bild als die süßlich wirkenden Bilder der kindlich frommen Heiligen, die auch beim Spiel mit anderen Kindern immer nur an Gott dachte. Busse-Wilson sieht Elisabeth als eine egozentrische, unreife Frau mit einer schweren Persönlichkeitsstörung, deren Religiosität sie als Flucht in eine Scheinwelt beschreibt, weil sie der Verantwortung als Landgräfin und Mutter dreier Kinder nicht gewachsen war.

Jede Epoche lässt sich in ihrer Rezeption von einer anderen Facette des Wesens der Heiligen anregen. In vielen Jahrhunderten stand Elisabeths Fürsorge für die Armen im Vordergrund. Manch einer fühlte sich über die Jahrhunderte hinweg aber auch von ihrer Gesellschaftskritik angesprochen, die in aller Deutlichkeit verurteilte, dass einige wenige so viel haben und der Rest der Gesellschaft so wenig sein eigen nennt. Elisabeths Option für die Armen, die in unserer Zeit ein Echo in der Theologie der Befreiung und in den klaren Standpunkten und

Zeichenhandlungen von Papst Franziskus findet, macht deutlich, dass es nicht im Sinne Jesu Christi ist, achtlos an den Leidenden dieser Welt vorüberzugehen. Elisabeths Beispiel regt außerdem dazu an, über die Produktionsbedingungen der Nahrungsmittel, der Kleidung und anderer Gebrauchsgegenstände, die selbstverständlicher Teil unseres Alltags sind, nachzudenken. Denn ebenso wie Elisabeth es ablehnte, Nahrungsmittel zu sich zu nehmen, die denen, die sie nötiger gebraucht hätten, aus ihrer Sicht unrechtmäßig genommen worden waren, müssten wir heute, wie bereits erwähnt, genau recherchieren, ob wir die Verantwortung für die Bedingungen, unter denen beispielsweise Medikamente zur Profitmaximierung gewinnsüchtiger Pharmakonzerne in indischen Hinterhöfen von unterbezahlten Hilfskräften zusammengerührt werden, wirklich verantworten können. Ebenso wäre darüber nachzudenken, ob wir wirklich damit einverstanden sind, dass deutsche Konzerne die von ihnen billig, aber mit großem Gewinn verkaufte Kleidung von Frauen und Kindern in Bangladesch nähen lassen, die nur einen Bruchteil dessen am Tag erhalten, was eine deutsche Fachkraft pro Stunde bekäme. Wir müssten auch überlegen, ob es in Ordnung ist, dass fast unser gesamtes Schokoladensegment mit dem Makel der Kinder- und Sklavenarbeit behaftet ist, denn sie sind es, die die Kakaobohnen für lächerliche Kleinstbeträge ernten. Elisabeth war in ihrem Handeln zweifellos radikal. Aber sie hatte gute Gründe dafür. Sie war nämlich überzeugt davon, dass die Botschaft des Evangeliums keine konsequenzenfreie Sonntagsrede, sondern vielmehr eine Anleitung für ein gelingendes Leben für alle ist. Deshalb fand sie es nur logisch, wie der heilige Martin ihren Mantel zu teilen oder davon auszugehen, dass, wenn ein Armer

an ihre Tür klopfte, sie mit diesem Christus selbst beherberg-
te und seinen Hunger stillte. Eine solche Haltung ist zweifellos
unbequem. Denn sie hält allen, die nicht hingehen und genauso handeln, in unbarmherziger Deutlichkeit den Spiegel vor.
Aber genau dafür sind Heilige ja da. Jeder von ihnen zeigt wie
in einem Prisma eine der Farben des göttlichen Lichtes und
wird so zum Wegweiser zu jener Heiligkeit, zu der wir alle berufen sind.

Ein Lied für Elisabeth

Text: Barbara Stühlmeyer; Melodie: Ludger Stühlmeyer 2018

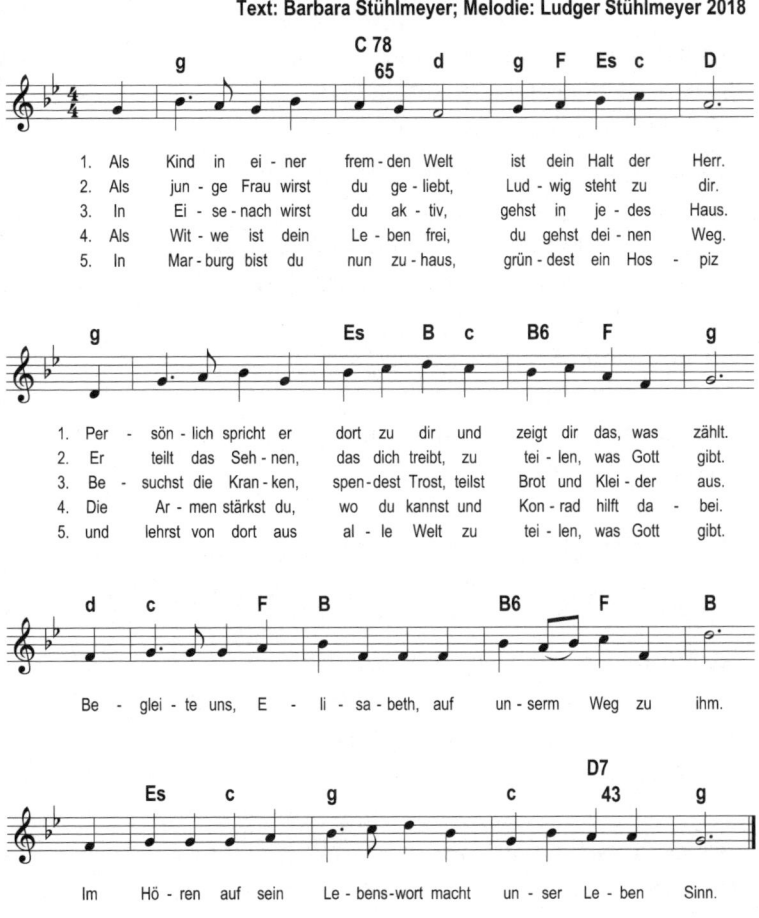

1. Als Kind in ei - ner frem - den Welt ist dein Halt der Herr.
2. Als jun - ge Frau wirst du ge - liebt, Lud - wig steht zu dir.
3. In Ei - se - nach wirst du ak - tiv, gehst in je - des Haus.
4. Als Wit - we ist dein Le - ben frei, du gehst dei - nen Weg.
5. In Mar - burg bist du nun zu - haus, grün - dest ein Hos - piz

1. Per - sön - lich spricht er dort zu dir und zeigt dir das, was zählt.
2. Er teilt das Seh - nen, das dich treibt, zu tei - len, was Gott gibt.
3. Be - suchst die Kran - ken, spen - dest Trost, teilst Brot und Klei - der aus.
4. Die Ar - men stärkst du, wo du kannst und Kon - rad hilft da - bei.
5. und lehrst von dort aus al - le Welt zu tei - len, was Gott gibt.

Be - glei - te uns, E - li - sa - beth, auf un - serm Weg zu ihm.

Im Hö - ren auf sein Le - bens-wort macht un - ser Le - ben Sinn.

Ein Lied für Elisabeth

Ein Lied für Elisabeth

Als Kind in einer fremden Welt
ist dein Halt der Herr.
Persönlich spricht er dort zu dir
und zeigt dir das, was zählt.

Begleite uns, Elisabeth, auf unserm Weg zu ihm.
Im Hören auf sein Lebenswort macht unser Leben Sinn.

Als junge Frau wirst du geliebt,
Ludwig steht zu dir.
Er teilt das Sehnen, das dich treibt,
zu teilen, was Gott gibt.

Begleite uns, Elisabeth, auf unserm Weg zu ihm.
Im Hören auf sein Lebenswort macht unser Leben Sinn.

Als Witwe ist dein Leben frei,
du gehst deinen Weg.
Die Armen stärkst du, wo du kannst,
und Konrad hilft dabei.

Begleite uns, Elisabeth, auf unserm Weg zu ihm.
Im Hören auf sein Lebenswort macht unser Leben Sinn.

Zeittafel

1207   Elisabeth wird, vermutlich auf der Burg Rákóczi in Sárospatak, geboren.

1211   Elisabeth kommt auf die Wartburg.

1216   Konrad von Marburg predigt im Auftrag von Papst Innozenz III. den Kreuzzug in der Kirchenprovinz Bremen.

1217   Ludwig übernimmt nach dem Tod seines Vaters Hermann die Regentschaft als Landgraf.

1221   Heirat von Ludwig und Elisabeth

1222   Elisabeths und Ludwigs Sohn Hermann wird geboren.

1224   Geburt der Tochter Sophie

1225   Elisabeth startet im Hungerwinter in Abwesenheit des Landgrafen ihre erste landesweite Hilfsaktion.

1226   Konrad von Marburg wird geistlicher Begleiter Elisabeths.
Elisabeth arbeitet regelmäßig in dem von ihr am Fuß der Wartburg errichteten Spital mit.

1227   Ludwig bricht zum Kreuzzug auf. Elisabeth legt zuvor in seinem Beisein das Gelübde des Gehorsams gegenüber Konrad ab und gelobt Ehelosigkeit im Falle des Todes ihres Mannes.
Am 12. September stirbt Ludwig kurz nach der Einschiffung in Otranto an einer Infektion.
Gertrud wird nach dem Tod ihres Vaters geboren. Elisabeth verlässt die Wartburg.
Konrad wird von Papst Gregor IX. zum Reformator und Visitator des Welt- und Ordensklerus in Deutschland ernannt.

1228 Der Hofkaplan der Wartburg verfasst die *Vita Ludovici*, die Lebensbeschreibung Ludwigs von Thüringen, in der auch Elisabeth ausführlich gewürdigt wird.

Ein von Konrad von Marburg angeforderter Schutzbrief von Papst Gregor IX. für Elisabeth trifft auf der Wartburg ein.

Elisabeth wird zu Bischof Ekbert nach Bamberg und von diesem auf Burg Pottenstein gebracht.

Elisabeth verlässt Burg Pottenstein, um die Prozession anlässlich der Überführung der Gebeine Ludwigs ins Familienkloster der Thüringer Landgrafen in Reinhardsbrunn zu begleiten.

Marburg wird neuer Lebensmittelpunkt Elisabeths. Der Bau des Hospitals beginnt im Sommer, schon im Winter ziehen die ersten Kranken ein.

Elisabeth ernennt den erst im Juli 1228 heiliggesprochenen Franziskus von Assisi zum Patron der Hospitalkapelle.

1231 Elisabeth stirbt am 17. November in Marburg an der Lahn.

1232 Konrad von Marburg verfasst die *Summa vitae*, in der er die letzten fünf Lebensjahre Elisabeths beschreibt, und setzt sich für die Eröffnung des Heiligsprechungsverfahrens ein.

Am 10. August reist Erzbischof Siegfried von Mainz zur Altarweihe nach Marburg und wird Zeuge der Wunderberichte.

Am 13. Oktober werden die Zeugen erneut verhört, um ein juristisch korrektes Verfahren zu gewährleisten.

1233   In einer weiteren Befragung werden 600 Zeugen verhört und 105 Wunder in den Akten verzeichnet.

Am 30. Juli wird Konrad von Marburg ermordet. Papst Gregor IX. muss aufgrund politischer Unruhen Rom verlassen.

1234   Das Heiligsprechungsverfahren wird wieder aufgenommen.

1235   Der *Libellus de dictis quatuor ancillarum sanctae Elisabeth confectus* fasst die Aussagen von Elisabeths Dienerinnen zusammen und bildet die Grundlage für die später entstandenen Biografien.

Die Heiligsprechungsakten werden nach Perugia zu Papst Gregor IX. gebracht.

Am 27. Mai, dem Pfingstfest, wird Elisabeth offiziell heiliggesprochen.

Der Deutsche Orden beginnt mit dem Bau der Elisabethkirche.

1236   Am 1. Mai zieht die Überführung von Elisabeths Leichnam zum Altar der Wallfahrtskirche durch Kaiser Friedrich II. eine in zeitgenössischen Quellen mit einer Million umfassende Menschenmenge an.

Das Kloster Altenberg, in dem Elisabeths Tochter lebt, erhält vermutlich zu diesem Zeitpunkt bereits eine Armreliquie.

1237   Caesarius von Heisterbach schreibt seine *Vita Elisabethae*.

1238   Elisabeths Tochter Gertrud wird Äbtissin des Klosters Wetzlar.

1240	Im Umfeld Kaiser Friedrichs II. und der päpstlichen Kurie entstehen vor 1240 zwei weitere Lebensbeschreibungen Elisabeths.
	Sophie von Brabant stiftet einen Elisabeth-Schrein.
1249	Umbettung von Elisabeths Gebeinen in den Elisabeth-Schrein.
1250	Sophie von Brabant, Elisabeths Tochter, erhält eine Rippe ihrer Mutter.
1283	Der Bau der Elisabethkirche ist abgeschlossen.
1289	Innerhalb von zwei Jahren verfasst der Dominikaner Dietrich von Apolda seine *Vitae sanctae Elisabethae*. Sie bildet die Grundlage für die Elisabeth-Rezeption im 13. bis 15. Jahrhundert und wird ins Frühhochdeutsche übersetzt.
1348	Elisabeths Tochter Gertrud wird von Papst Clemens VI. seliggesprochen.
1350	Vor 1350 entsteht der Krumauer Bildercodex mit Zyklen zum Leben Elisabeths.
1420	Bis 1430 entstehen die Eichenholztafeln mit der bildlichen Darstellung des Lebens Elisabeths für die Brüstung des Sängerchors im Heilig-Geist-Hospital in Lübeck.
1502	Elisabeth-Münzen mit einem Standbild der Heiligen werden in Hessen geprägt.
1520	Conrad Stebel aus Rotenburg malt den monumentalen Bilderzyklus der *Vitae Elisabethae* für die Liboriuskapelle zu Creuzburg, von der dank der 2013 durchgeführten Restaurierung noch 14 Bilder zu sehen sind.

1530 Hans Holbein der Ältere malt Elisabeth auf einem Tafelbild zusammen mit Bettlern und Krüppeln.
Martin Schaffner malt Elisabeth für einen Altar des Ulmer Münsters.

1539 Philip I. von Hessen tritt zum Protestantismus über und entfernt Elisabeths Gebeine aus dem Schrein sowie den Schädel aus dem Kopfreliquiar, um den Reliquienkult zu beenden. Der Schädel und zwei Schienbeine werden heute im Kloster der Elisabethinen in Wien verehrt.

1604 Heinrich Canisius, der Neffe des heiligen Petrus Canisius, druckt erstmals die *Vita sanctae Elisabethae* des Dietrich von Apolda.

1622 Apollonia Radermecher gründet den Orden der Elisabethinen von Aachen und die Kongregation der Schwestern von der heiligen Elisabeth (Graue Schwestern).

1842 Gründung der Kongregation der Schwestern von der heiligen Elisabeth, zunächst Graue Schwestern von der heiligen Elisabeth genannt

1859 Anerkennung der Kongregation der Schwestern von der heiligen Elisabeth durch den Breslauer Fürstbischof Heinrich Förster

1885 Uraufführung der *Legende von der heiligen Elisabeth* von Franz Liszt

1887 Die Schwestern von der heiligen Elisabeth werden eine Kongregation päpstlichen Rechts.

1984 *Elisabeth*, geistliches Musikspiel von Alois Albrecht (Bamberg) und Peter Janssens

2017 Elisabeth-Oratorium von Claus Peter März und Kurt Grahl

Literatur

Leben und Legende der heiligen Elisabeth.
Mit 14 farbigen Miniaturen. Insel Bücherei Nr. 1172.
Insel Verlag Frankfurt 2007. ISBN 3-458-19172-0

Thorsten Albrecht; Rainer Atzbach. Elisabeth von Thüringen.
Leben und Wirkung in Kunst und Kulturgeschichte
Michael Imhof Verlag 2007. ISBN 3-86568-123-9

Ursula Koch. Elisabeth von Thüringen. Die Kraft der Liebe.
Brunnen Verlag 2006. ISBN 3-7655-1859-X

Weil wir wie das Schilfrohr im Flusse sind. Begegnungen mit
der heiligen Elisabeth in Hessen und Thüringen.
Schnell und Steiner Verlag 2007. ISBN-10: 3-7954-1780-5

Jaques Le Goff. Franz von Assisi
Klett Cotta, Stuttgart 2006. ISBN 3-608-94287-4

Norbert Wolf. Die Macht der Heiligen und ihrer Bilder.
Reclam, Stuttgart 2004. ISBN 3-15-010505-6

Bildnachweis

S. 15: Tafelbild eines Altars in der Steiermark aus dem Jahr 1525 (wikimedia commons)

S. 28: Die Wartburg (wikimedia commons)

S. 38: Die Liboriuskapelle auf der Creuzburg (wikimedia commons)

S. 45: Lithografie der hl. Elisabeth von Hans Holbein (wikimedia commons)

S. 63: Heinrich von Veldeke, Codex Manesse (wikimedia commons)

S. 70: Darstellung Elisabeths am Kaschauer Dom (wikimedia commons)

S. 77: Friedrich II. mit Sultan Al-Kamil (wikimedia commons)

S. 119: Elisabeth-Figur in der Marburger Elisabethkirche (wikimedia commons)

S. 145: Armreliquiar der hl. Elisabeth (wikimedia commons)

S. 153: Elisabethdom in Kaschau (wikimedia commons)

S. 161: Elisabeth-Mosaik in der Mexikokirche in Wien (wikimedia commons)